智·库·丛·书
（2022年）

重庆信用与上市融资研究

CHONGQING XINYONG
YU SHANGSHI RONGZI YANJIU

叶　明　朱佳佳　廖庆轩
陆　雪　邓　涛　陈邦强　等著

西南大学出版社
国家一级出版社　全国百佳图书出版单位

图书在版编目(CIP)数据

重庆信用与上市融资研究/叶明等著. — 重庆：
西南大学出版社,2022.11
(智库丛书.2022年)
ISBN 978-7-5697-1680-1

Ⅰ.①重… Ⅱ.①叶… Ⅲ.①信用制度—建设—研究—重庆②上市公司—企业融资—研究—重庆 Ⅳ.
①F832.4②F279.246

中国版本图书馆CIP数据核字(2022)第199422号

重庆信用与上市融资研究

叶明　朱佳佳　廖庆轩　陆雪　邓涛　陈邦强　等 著

责任编辑：	杜珍辉　周　杰
责任校对：	张　丽
封面设计：	岚品视觉 CASTALY
排　　版：	瞿　勤
出版发行：	西南大学出版社(原西南师范大学出版社)
	地址：重庆市北碚区天生路2号
	邮编：400715
印　　刷：	重庆市正前方彩色印刷有限公司
幅面尺寸：	170 mm×240 mm
印　　张：	18.5
插　　页：	2
字　　数：	220千字
版　　次：	2022年11月　第1版
印　　次：	2022年11月　第1次
书　　号：	ISBN 978-7-5697-1680-1
定　　价：	70.00元

2022年智库丛书编审组成员

编审组组长：童小平

主 编 审：吴家农

编审组副组长：严晓光　刘嗣方　米本家　易小光

编审委员：黄朝永　马明媛　王明瑛　欧阳林
　　　　　　张　波　蔡　焘　李　敬　丁　瑶
　　　　　　周林军　童昌蓉　江成山　孙凌宇
　　　　　　何靖波

目录
CONTENTS

重庆市推进社会信用体系建设综合研究

一、社会信用体系建设的理论基础 …………………… 3

二、重庆市社会信用体系建设现状 …………………… 17

三、重庆市外社会信用体系建设的经验借鉴 ………… 31

四、重庆市社会信用体系建设目标架构及中长期目标 ………… 44

五、重庆市推进社会信用体系建设的主要任务 …………………… 55

六、重庆市社会信用体系建设的监测体系 …………………… 84

七、重庆市近期加强社会信用体系建设的工作建议 ……… 100

关于推进重庆地区企业上市的研究

一、课题背景及企业上市理论 …………………… 117

二、重庆地区企业上市情况及存在的问题 …………… 133

三、浙江省、湖北省、成都市、合肥市推动企业上市实践及案例 …161

四、增强政策力度,改善优化重庆地区企业成长发展环境 …181

五、建立完善企业上市工作体系,合力推进重庆企业快速上市 …191

六、展望 …231

参考文献 …232

重庆城投企业信用类债务风险防范与化解问题研究

绪言 …237

一、全国及全市城投债比较 …239

二、全市城投债现状与风险分析 …265

三、我市城投债风险调研与大数据风险筛查 …274

四、对策措施 …283

附录　相关概念界定 …289

重庆市推进社会信用体系建设综合研究

CHONGQING SHI TUIJIN SHEHUI XINYONG TIXI JIANSHE ZONGHE YANJIU

重庆市推进社会信用体系建设综合研究*

（2022年6月）

健全的社会信用体系是国家治理体系和治理能力现代化的重要标志,是践行社会主义核心价值观的重要内容。调研发现,近年来,重庆市采取多项措施积极推进社会信用体系建设,取得了良好成效,但也存在一些问题。本报告聚焦于重庆市社会信用体系建设问题,运用实地调研、文本检索、专家访谈等研究方法,综合研究了重庆市社会信用体系建设的理论基础、建设现状等内容,旨在为确立重庆市社会信用体系建设目标、明确主要任务、构建监测体系以及为重庆市近期加强社会信用体系建设工作等提供决策参考。

一、社会信用体系建设的理论基础

推动社会信用体系建设,需要充分研究其理论基础。对社

---

* 课题指导：童小平；课题组长：叶明；课题副组长：王明瑛；课题组成员：吴太轩、蒋玲、蒋维胜、叶世清、兰智慧、何鹏川、朱佳佳、邱威棋、闫静、吴承宸、郑榕鑫、王金尧、贾海玲、胡国健、刘俊李、冉隆宇、刘怡立、乔韵、周珊珊。

会信用体系理论基础进行研究和梳理,旨在为重庆市推进社会信用体系建设提供理论指导。

(一)信用的界定

信用的界定是理解社会信用体系建设的重要前提,也是社会信用体系研究的理论起点。下文将从信用的概念及其与相关概念的关系两方面入手加以阐述。

1.信用的概念

早期,社会各界对信用概念的理解较为狭窄。2008年,国家质量监督检验检疫总局、国家标准化管理委员会发布《信用 基本术语》(GB/T 22117—2008),其中在基础术语部分对"信用"做了概念界定,即"建立在信任基础上,不用立即付款或担保就可获得资金、物资或服务的能力。这种能力以在约定期限内偿还的承诺为条件"。由此可见,传统信用概念限于信贷和商品交易领域,是民事主体经济能力的表现,包括经济状况、生产能力、产品质量、偿付债务能力、履约态度、诚实守信的程度等,主要指商品贸易往来和信贷中的"信誉""履约能力",是一种外在的经济评价。传统信用概念较为片面,只涉及主体经济方面能力的客观表述和评价,忽略了信用所呈现的其他层面。传统信用体系无法充分保护市场交易双方的信赖利益,所能发挥的控制交易风险的作用有限。同时主体的经济能力可能受多种因素的影响,如因行政违法而受到巨额行政处罚,可能导致主体的履约能力下降。狭义的信用概念尚未对此方面加以考量。因此,传统信用概念的理解较为狭隘，难以满足社会经济发展对信用的需求。

随着经济的发展，对信用概念进行扩张成为必要之举。中国经历了从农业国转化成工业国、从乡村文化转变成城乡文化的历程后，逐渐步入现代化。我国的政治体制、经济体制、社会体制、文化体制以及生活方式也随之发生调整，虚拟社会的到来及社会不诚信现象的频发触发了国民对信用的强烈需求。在此背景下，信用概念应当进行适度扩张。尽管近年来多地出台了社会信用条例，对社会信用的概念进行了界定，但尚未达成共识，同时也缺少对信用这一概念的界定。为准确界定"信用"这个概念，本报告借鉴了立法中对社会信用概念的划定。

本报告认为，信用是指信用主体遵守法定义务、履行约定义务、践行承诺的状态。对传统信用概念进行合理扩张后，现代信用概念应当包括三层内涵，即守法、履约、践诺。这一概念弥补了传统信用概念的片面性，不局限于对信用主体经济方面能力的考查，而着眼于对主体全方位能力的评价和考查，主要强调信用主体对法定义务的遵守、对约定义务的积极履行、对他人承诺的积极践行。

2. 信用与相关概念的关系

厘清信用与相关概念的关系是推动社会信用体系建设的重要前提。本部分将梳理信用与诚信、信用信息、信任等概念之间的关系。

（1）信用与诚信

信用与诚信之间关系密切，二者既有联系，也有区别。

古人常言诚信乃君子为人立身之本。诚信作为中华民族的传统美德,常用来指个人的可靠程度和可信任程度,是对个人处世方式、言行、待人接物之道的基本伦理要求,具体表现为不隐瞒、不欺骗、不作假等。信用是现代汉语中才出现的词语,常用来指代主体遵守法定义务、履行约定义务、践行承诺的状态。信用的概念既具有伦理内涵,又可从经济学角度进行解读。其伦理内涵是指人们在交往合作中信守诺言的道德品质,只是对人格的评价;而当交易形式发生变革,非即时交易方式逐渐占据主流时,信用又被赋予了经济学含义,即一种以偿还贷款和付息为条件的特殊形式。[①]

由此可见,信用与诚信都强调言行的一致性,要求人们的行为与承诺或者制度相一致。但二者之间也有区别:信用一词出现在诚信一词之后,同时信用概念也衍生出相较于诚信更为丰富的内涵,不仅强调伦理,也是市场经济发展的产物,具有义务践行的内涵。此外,诚信一词通常带有强烈的价值判断,主观色彩相对较强,信用概念则更多强调客观性。

(2)信用与信用信息

厘清信用与信用信息之间的关系对推进重庆市社会信用体系建设具有重要意义。

在概念方面,信用信息的本质是客观的数据和资料,是指可用于识别、判断信用主体身份以及守法履约践诺状况的客观数据和资料,其中包括公共信用信息和市场信用信息。而信用是指主体遵守法定义务、履行约定义务、践行承诺的状态。

[①] 石新中.论信用概念的历史演进[J].北京大学学报(哲学社会科学版),2007(06):120-126.

从上述概念可看出信用与信用信息之间的联系和区别。其联系表现在信用信息是信用的重要组成部分和表现形式。信用概念较为宽泛，其所指的状态既可体现为信用环境、信用主体等方面，也可体现为信用信息、信用文化等方面。二者之间的区别体现为特征不同。信用具有难以量化、主观性的特点，而信用信息是可呈现的、客观的。实践中应注意区分二者间的关系，切忌混淆。

（3）信用与信任

在最广泛的含义上，信任指的是对某人期望的信心，它是社会生活的基本事实。[①]信用源自信任，是对信任的一种拟制。但信用又不同于信任，二者之间的区别具体表现在特征方面。信用作为维护双方信赖利益的中介，具有独立性，可以脱离信任而单独存在；信用具有持续性、稳定性，而信任具有即时性、偶发性；信用呈现出制度化的特征，而信任通常难以量化，具有更强的主观性。

（二）社会信用的界定

研究社会信用体系首先应明晰基本概念，以消除可能存在的歧义或误解。下文将梳理社会信用的概念及其与相关概念的关系。

1.社会信用的概念

随着我国社会信用体系建设工作逐步推进，社会信用的概

[①] 尼克拉斯·卢曼.信任：一个社会复杂性的简化机制[M].瞿铁鹏,李强,译.上海：上海人民出版社,2005:12.

念也已从经济领域向其他领域延伸。社会信用的概念最初是指经济意义上履行约定义务的行为,后来逐步延伸至其他领域,将遵守法定义务、践行承诺的行为也纳入衡量社会信用的基本维度。

此种概念的扩张具有一定的理论和实践基础。以社会契约论观之,合同是作为一种"私约",法律是作为一种"公约",而承诺是作为一种"约定",既可能是公约如政府承诺,也可能是私约如商务承诺和个人承诺,都应纳入社会信用的范畴。同时,实践层面,现代社会发展使得信用更加多元化,信用已逐渐渗透到政治、经济、社会等各个领域,对社会信用的评价范围也应逐渐扩大,包括守法度、履约度、践诺度等多个角度。①

是故,本报告所称"社会信用",是指自然人、法人和非法人组织等信用主体,在社会和经济活动中遵守法定义务、履行约定义务、践行承诺的状态。既将社会信用的使用范围扩大到经济活动和社会活动中,也将社会信用行为扩展至遵守法定义务、履行约定义务、践行承诺等三个维度。

2. 社会信用与相关概念的关系

(1) 社会信用与个体信用

由于社会信用与个体信用之间具有密切的关系,日常生活及学术研究中可能将二者混淆。然而两个概念之间既有联系,也有区别,具言之:

社会信用与个体信用之间的区别体现在概念及属性两方

---

① 王伟.社会信用体系建设中的理解分歧及其辨析[J].人民论坛,2021(25):91.

面。概念方面,个体信用强调社会主体之间的交往活动,有可能是双方主体或多方主体,始终呈现出直线交叉型的关系网络;而社会信用的覆盖面则拓展到了社会主体之于全社会的关系,例如个体对于社会经济秩序的影响、公民遵纪守法的表现等。属性方面,个体信用强调个人属性,社会信用强调社会属性。尽管任何信用的存在都具备社会性,都存在于社会交往活动之中,并服务于社会主体之间的交往,但社会信用相较于个体信用更加强调社会属性。

此外,社会信用与个人信用之间存在一体两面的联系。其一,社会信用这一概念无法脱离个体信用,可以理解为个体信用的集合。换言之,人类社会是由无数个体构成的,其发展也取决于千千万万个体的共同行为。任何个体信用都无法超越具有整体意义的社会信用。其二,个体信用构成了社会信用的整体,并因个体之间具有迥然不同的特质,从而呈现出差异化的样态。其三,社会信用信息作为社会信用的载体,本质上承载着对个体信用的评价。现代政府活动中的社会信用强调以信息为载体,即在各类信息平台或系统中记录、储存社会信用信息,本质上则是对个体信用的评价。例如,对某企业的信誉评估必然以数据形式记录、储存、传输,使信用奖惩机制得以运作,虽然从形式上,该类信息名为社会信用信息,但究其本源,凸显的却是信用信息的个体属性。如此看来,二者之间存在一体两面的紧密联系,但在社会信用体系建设这样一项全社会属性的工程中,采用"社会信用"的表述更为妥当。

（2）社会信用与社会信用信息

社会信用信息是社会信用的呈现方式，二者之间具有紧密的联系。社会信用以一定的数字信息为载体，且越来越需要大数据等技术手段的支撑，未来还可能与区块链技术、数字人民币产生应用场景上的关联。尽管社会信用信息经历了口口相传、纸簿记载到电子数据的形式变化，但无论载体如何变化，社会信用信息始终是对社会信用的反映和记载。

随着海量社会信用信息的产生，传统的信息处理方式略显弊端，而大数据技术可以通过大规模并行处理数据库、数据挖掘、分布式文件系统、分布式数据库等方式，处理海量的社会信用数据，从而达到评估社会总体信用状况的目的，助推未来社会信用的发展。

此外，区块链技术作为一种数据管理技术，具有"不可伪造""全程留痕""可以追溯""公开透明""集体维护"等特征，未来也有望将社会信用信息储存在区块链上，以达到信息安全的目的，为社会信用发展保驾护航。

（三）社会信用体系建设与相关范畴的关系

社会信用体系是社会主义市场经济体制和社会治理体制的重要组成部分。社会信用体系建设作为一项系统工程，需要以法律、法规、标准和契约为依据，从多方面着手，而建设的首要前提是要厘清社会信用体系建设与道德培育、法治保障、产权保护等相关范畴的关系。

1.社会信用体系建设与道德培育

社会信用体系建设与道德培育相辅相成,相融相依,具有内在价值取向的一致性。一方面,诚信文化理念的树立、诚信美德的培育和弘扬是社会信用体系建设的内在要求与精神支撑。从历史抑或现实的维度观照,社会信用体系的建设需要源源不断地从诚信文化、诚信理念、诚信美德的丰壤中汲取营养。

另一方面,社会信用体系建设本身即彰显了践行诚信美德、增强诚信意识的精神内蕴与道德要求,其最终目的是提高全社会的诚信意识和信用水平。因此,社会信用体系建设以诚信意识与诚信理念为其鲜明底色,内蕴了培育、发展、践行诚信美德和提高社会诚信水平的道德要求。

2.社会信用体系建设与法治建设

社会信用体系建设既是法治建设的有益补充,又需要在法治建设的框架下推进。一方面,社会信用体系建设与法治建设在价值取向方面,具有高度一致性。二者在保障公平正义、维护社会稳定、推动社会进步、促进国家治理能力与体系现代化诸方面的价值取向可谓殊途同归。

另一方面,社会信用体系建设虽具备积极意义,但仍须强调法治对它的合理约束。[①]明确社会信用体系建设在依法治国语境中的基本定位与合法化、正当化表达,促使其在法治框架内实现理想的治理效果。而社会信用体系建设以良好法治环境为根本和基础,良法善治为社会提供基本的价值指引和行为准则。

---

① 沈岿.社会信用体系建设的法治之道[J].中国法学,2019(05):25-46.

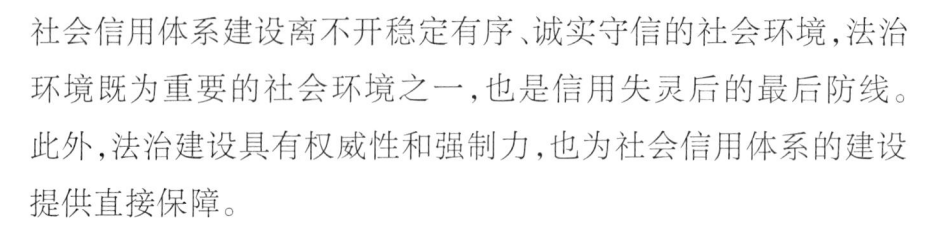

社会信用体系建设离不开稳定有序、诚实守信的社会环境,法治环境既为重要的社会环境之一,也是信用失灵后的最后防线。此外,法治建设具有权威性和强制力,也为社会信用体系的建设提供直接保障。

3. 社会信用体系建设与产权保护

产权保护是社会信用体系建设的基础,产权制度的明晰程度决定着信用发展的经济条件。是故,保护产权是社会信用体系建设的必然要求。具体缘由可从以下两方面观之:

一方面,信用产生于市场活动之中,交易主体拥有产权明晰的独立财产是信用活动产生的前提,信用问题的实质是产权问题。[1]由产权所引发的确认、流转与保护等过程,不仅是现代经济体系的基石,同时也构成了社会信用制度的经济基础。

另一方面,社会信用体系建设涵盖了产权保护的相关内容。政府以实现产权保护为依法行政之目标,维护行政相对人的信赖利益和合法权益。各类商务主体在商务关系中提升商务诚信建设水平,尊重和保护产权,从而优化营商环境、保障各类经济活动高效开展。在社会生活和民生领域的诸方面中强调产权保护,则可将产权保护的要求与内容具化于社会生活领域。司法作为社会公平正义的底线,也应当彰显产权保护的司法导向——从宏观上以司法公信力倡导产权意识,从微观上于个案中进行适格保护。因此,保护产权是社会信用体系建设的应然要求。

---

[1] 丁邦开,何俊坤,等. 社会信用法律制度[M]. 南京:东南大学出版社,2006:45.

(四)社会信用体系建设的主要运行机制

信用公开、信用奖励和信用惩戒均属于社会信用体系的主要运行机制,运行机制是保障社会信用体系各要素协调运行的基础。其中,信用公开制度是社会信用体系建设的基本要求。加快推进信用信息系统建设,完善信用信息的记录、整合、公开和应用,是形成守信激励和失信惩戒机制的基础和前提。而守信激励和失信惩戒机制直接作用于各个社会主体信用行为,是社会信用体系运行的核心机制。

1. 信用公开机制

信用公开机制是指将自然人、法人、非法人组织的信用信息按照一定的程序向公众或者特定主体披露的一系列活动和程序。信用公开的主体是政府、其他信用交易主体、信用服务机构和信息主体,公开的内容是自然人、法人、非法人组织的信用信息。[1]

失信公开和信用修复公开是信用公开的基本内容。失信公开是指主体失信信息的公开,信用修复公开是指信用主体在实施信用修复行为后,由认定单位或归集机构认可,将修复信息通过有关信息共享平台进行的公开。值得注意的是,失信公开和信用修复公开尽管均是信用公开的应有之义,但二者构建的目的却并不相同。失信公开旨在通过披露主体失信信息减少信息不对称,从而保障交易安全、提高交易效率;而信用修复公开则旨在通过提高信用修复的公开性和透明性,从而充分发挥社会

---

[1] 石新中.论信用信息公开[J].首都师范大学学报(社会科学版),2008(02):64.

监督的作用,减少权力寻租的产生。

2.信用奖励与信用惩戒机制

信用奖励旨在通过参考主体信用信息、信用积分和信用评价结果,对诚信主体给予优惠和便利;信用惩戒是有关主体对社会各领域失信行为人采取的惩处或警戒行为。信用奖励与信用惩戒机制通过充分运用信用的正向激励和反向约束作用,实现对诚信主体的激励和对严重失信主体的惩戒,形成褒扬诚信、惩戒失信的环境。

信用惩戒机制与征信机制有一些相似之处,但也有以下区别:征信机制旨在实现信用的制度化,减少信息的不对称,从而减少交易风险,保障交易安全;而信用惩戒机制旨在实现对失信主体的惩罚。对于信用概念的讨论实质上解决的是征信制度的范围问题,但纳入征信并不代表就可以进行信用惩戒,由于其具有直接减损主体利益的特性,信用惩戒的适用范围应小于信用信息采集范围,需要更为审慎。在顶层立法缺失的背景下,信用惩戒当前已经出现了泛化现象。实践中存在将违法行为一概界定为失信,并将违法主体列入失信惩戒对象的情形,这直接导致对违法主体的多重惩罚,直接违反了行政法上的一事不再罚原则和行政处罚的设定原则。

2021年修订的《中华人民共和国行政处罚法》第二条首次对行政处罚的概念进行规定:行政处罚是指行政机关依法对违反行政管理秩序的公民、法人或者其他组织,以减损权益或者增加义务的方式予以惩戒的行为。由此可见,信用惩戒实质上就是一种行政处罚,其设定必须依法进行,对于已经制定的信用惩戒措施,也应当按照于法有据、合比例、禁止不当关联、过罚相当等原则进行清理。

(五)社会信用体系建设的主要内容

调查发现,政务诚信、商务诚信、社会诚信与司法公信既是社会信用体系建设的主要内容,也是应深耕加强的重点领域。下面对社会信用体系建设的四大重点领域进行分述。

1.政务诚信

政务诚信是社会信用体系建设的关键。政务主体的诚信水平在社会信用体系建设中发挥着表率和引领作用,并影响着国家治理体系与治理能力的现代化水平。申言之,首先,政务诚信建设应将依法行政贯穿于决策、执行、监督和服务的全过程,做好信用记录,全面推进政务公开,切实提高政府服务水平,建立有效的信息共享开放流通机制。其次,诚信建设水平应成为政府的常态化建设指标,同时诚信建设应成为其基本任务,以政府的诚信施政、守信践诺推动社会整体诚信意识的树立和提高,营造良好的社会氛围。再次,政府应当加快自身守信践诺机制的建设,做到"有诺必践,言行一致";加快推进舆论监督机制建设,充分听取群众及社会各方意见;把政务守诺和履约情况纳为绩效评价指标;构建失信问责机制和政务诚信档案制度,确保政府不诚信行为留档留痕,克服"新官不理旧账"等痼疾弊病。最后,针对公务员,应定期开展诚信教育宣讲,签署诚信保证书,建立公务员诚信档案,确保公务员队伍具有强烈的诚信意识和道德操守,形成正面积极的良好带头作用。

2. 商务诚信

商务诚信是社会信用体系建设的重点。从微观层面观之,商务诚信是商事主体迅速获取市场信任的有效途径,也是其持续稳定发展的立身之本。从宏观层面观之,商务诚信是各类经贸活动有序开展的基础保障,是运行效率提高、商务关系和谐稳定、营商环境改善的基本条件。商务诚信建设应做到全领域覆盖,将现代经济的各类经贸活动涵盖其中,具体应包括生产、流通、税务、价格、金融、工程建设、电子商务、交通运输、招标投标、政府采购等多个子领域,并由此延伸出诸多具体方向和经济领域,并通过纵深推进与横向共享加强商务诚信建设。商务诚信对于推动各级各类市场可持续发展、各类经济活动高效开展以及优化营商环境具有关键性作用。

3. 社会诚信

社会诚信是社会信用体系建设的基础。以诚相待、以信为本既是中华民族的传统美德,也是现代社会交往的基本准则,更是营造和谐友爱社会氛围的必备条件。社会诚信建设不仅需要政府的推行和示范,更需要每一个社会成员的配合和自律。唯有每个社会成员都以诚信和普遍规则律己,才能促进社会文明整体进步,实现社会的和谐稳定和国家的长治久安。社会诚信建设应在关系国计民生的领域重点突破,围绕医疗、卫生、文化、社会保障、劳动用工、教育、科研、体育、环境保护、自然人信用等多个领域展开,涉及社会生活与民生领域的方方面面。社会诚信建设水平的提升,不仅有助于提升民生水平,更有助于实现社会的稳定和谐与国家的长治久安。

4.司法公信

司法公信是社会信用体系建设的重要内容。司法公信是守护社会公平正义的最后底线,是树立司法权威的前置条件。司法公信建设的重点是三大系统的公信建设,即要健全和完善法院、检察院、司法行政系统的公信建设,具体包括司法信息公开、司法行政机构规范化建设、智慧法院建设等,从而推进"阳光执法""阳光办案"。

二、重庆市社会信用体系建设现状

从2014年起,重庆市积极推动社会信用体系建设,认真贯彻落实中央的各项决策安排,在基础设施、制度保障、组织保障、机制构建、应用场景、重点领域、区县部门、诚信环境等多方面取得了显著成效。社会信用体系建设在重庆市经济发展、社会治理过程中发挥了积极作用,但由于重庆市社会信用体系建设正处于转型升级的关键时期,也存在一些问题。本部分结合重庆市社会信用体系建设现状,旨在总结建设成就,发现存在的主要问题,为下一步重庆市社会信用体系建设提供指引。

(一)建设成效

随着经济的发展和社会的进步,重庆市社会信用体系建设取得长足进展。当前,重庆市已高质量完成国家的基本要求,在信用体系监测中排名靠前,受到各方认可。在2018年国家信息中心发布的我国省会及副省会一级以上城市综合信用指数排名中,重庆位居全国第2位;在2018年中国城市信用建设高峰论坛中,重庆被授予"守信激励创新奖";在2019年中国城市商业信用环境指数榜单中,重庆在全国大城市榜单中仅次于北京、上海、广州、杭州,领跑西部。重庆市在推动社会信用体系建设过程中,进行了创新探索,形成了工作亮点,取得了"八大成效"。

1.初步建成"一云一库三门户五体系"的信用信息智能化中枢

重庆市社会信用体系建设的前提和根基是建设信用信息智能化中枢。当前,重庆市信用信息智能化中枢作用初显,已建成"一云一库三门户五体系"的信用信息智能化中枢,包括:1个信用云;1个信用基础数据库;"信用中国(重庆)"网站、"信用重庆"微信公众号和"重庆市公共信用信息平台"等3个门户;形成了数据归集、数据治理、数据标准、数据应用、数据安全等5个数据管理体系。

当前,重庆市已初步形成"平台+网站+公众号"的信用信息开放体系,"信用中国(重庆)"网站、"信用重庆"微信公众号向公众提供信用信息统一公示和信用报告"一站式"查询服务。2019年,重庆市公共信用信息平台2.0版上线,目前,该平台已加快建设,集聚信用档案查询、信用评价查询、联合奖惩、信用数据共享接口等9大功能,初步实现了多个联通(包括国家平台、市内全部区县、59个单位和部门),初步实现社会信用信息共享共用。同时平台归集了超过4亿条信用信息,使全市企业和其他法人组织大都拥有社会信用代码,促进了数据归集、交换、共享、加工和数据可视化高效管理。该平台实现了社会信用平台与政府部门行政管理平台的初步对接,在重庆市社会保障系统、行政审批平台、宾馆登记系统中融入了红黑名单。公共信用信息平台的初步建立,加快了重庆市社会信用体系建设的前进步伐。

2. 初步建立社会信用体系建设制度保障体系和组织保障体系

社会信用体系建设的关键在于制度保障和组织保障,近年来,重庆市在两个保障方面取得了显著成效,基本建立起社会信用体系建设的制度保障体系和组织保障体系。

制度保障方面,重庆市政府相继出台《社会信用体系建设规划纲要(2014—2020)》《重庆市人民政府办公厅关于加快推进全市社会信用体系建设的意见》《重庆市企业信用信息管理办法》《关于贯彻落实〈国务院关于加强政务诚信建设的指导意见〉任务分工》和《重庆市人民政府关于建立完善守信联合激励和失信联合惩戒制度 加快推进社会诚信建设的实施意见》等政策文件以及社会信用体系建设工作配套实施制度。制度涵盖了信用信息归集、信用信息应用共享、信用监管体系、信用联合奖惩等多个方面,形成了较为完备的制度保障体系。同时,《重庆市社会信用条例》(以下简称《条例》)2021年5月27日经重庆市五届人大常委会第二十六次会议通过,并从2021年7月1日起施行,这是制度保障方面取得的最大成就。

组织保障方面,重庆市建立了市信用中心,形成了专项督查机制等。2016年9月,市编办批准设立重庆市信用中心,具体实施公共信用信息归集、梳理、共享等工作,各区县、部门[①]均明确了相应责任单位和人员,以负责此项工作。同时,市人大会同市政府督查室、市场监管局等部门建立了专项督查机制,适时对全市社会信用体系建设工作展开督促指导,一定程度上保障了重庆市社会信用体系建设的发展。

3. 构建守信联合激励和失信联合惩戒机制

重庆市社会信用体系建设工作的亮点是联合奖惩机制的构建。目前,重庆市已成功构建"一系统三清单"的联合奖惩机制,实现多种方式查询"红黑名单",大力实施联合奖惩措施,发挥联合惩戒"杀手锏"功能。"一处失信、处处受限"的联合惩戒威慑力初显成效,全社会诚信水平得以提高,重大失信事件逐年减少,城市信用品质不断提高。

自开展社会信用体系建设以来,重庆以"红黑名单"为重点,借助"信用中国(重庆)"网站和全市统一的公共信用信息平台,建立了跨领域、跨地区、跨层级的联合信用奖惩系统。截至2021年,全市38个区县、51个部门和单位累计查询"红黑名单"

[①] 此处的部门指行业主管部门。

信息1 500万余次,累计触发和实施联合奖惩措施16万次。[①]同时,联合奖惩范围逐渐扩大,重庆市在各部门、各领域管理系统中融入"红黑名单"查询功能,通过对系统升级优化,初步实现政务平台自主审查、激励、惩戒、回应一体化。具体而言,在政府采购、招投标、商业等领域展开联合奖惩行动,各相关部门积极参与,联动限制失信主体。在办理登记时,联合奖惩子系统开启自动对比功能,识别出奖惩事项后触发并弹出提示界面;在办结时,业务办理人员须作出信用联合奖惩措施回应;初步实现了系统自动上传信用联合奖惩案例。

4. 初步建立以信用为基础的新型监管机制

重庆市积极构建以信用为基础的新型监管机制,以加强信用监管为终极目标,以创新监管方式、监管制度为手段,衔接事前、事中、事后全监管环节。重庆市新型信用监管机制建设初具成效,特别是电子商务、税务领域的信用制度建设走在全国前列,市场秩序日益规范,营商环境逐步优化。

重庆市积极创新监管机制,初步建立起事前、事中、事后的全过程监管机制。事前监管方面,工程建设、民生服务等重点领域在办理工商注册登记、行政审批等事项中大力推广信用承诺制度,并要求市场主体在"信用中国(重庆)"网站公开信用承诺。同时,支持行业协会在本行业范围内建立信用承诺制度,鼓励市场主体主动做出信用承诺。事中监管方面,在税务、工程建设、生态环境、海关、电子商务等领域,对市场主体按照信用等级

---

① 李国.健全政府失信责任追究制度及责任倒查机制,让个人和企业信用均可"变现"——重庆立法保障守信者处处受益[N].工人日报,2021-09-22(007).

进行划分。对违法失信者"强监管",对守法守信者"少打扰",对失信风险高市场主体加快抽查频率和加大比重,有效减少失信主体对市场秩序和正常生产经营活动的干预,促进市场高效运行。事后监管方面,对拒不履行行政处罚决定或司法判决并产生重大影响的个人或企业,在一定时限内禁止其进入市场和特定行业领域,直到永远退出市场。在生态环境、教育、食品安全、养老、幼儿保护等重点领域,尤其重视采用这样的措施。

5.开发信用应用惠民场景

在信用应用惠民场景方面,重庆市大力推动信易贷、信易租、信易批、信易阅等"信易+"服务。通过守信激励、开发惠民便企应用场景,使各类服务向信用状况良好的主体倾斜,增加信用福利,增强各社会主体信用价值收获感。随着重庆市"信易+"服务不断创新发展,全市信用氛围有所改善。

在信易贷方面,政府连同金融机构,向符合授信条件、信用状况良好的市场主体提供快捷优惠的融资信贷服务。例如,重庆农商行信用贷为信用良好的客户提供在线申请、利率优惠、自主提款、随借随还等服务;重庆银行"好企贷"在系统审批利率基础上享受八五折利率优惠。"十三五"期间全市累计发放信用贷款超200亿元,惠及中小企业5 000余户,有效缓解中小微企业融资难、融资贵问题。2020年3月起,"银税互动"进一步扩大范围,更多市场主体可凭纳税进行信贷活动。重庆市发改委2020年年底开始推动工程领域中标贷,已有18个区县共同参与,把中标合同、信用承诺、履约等结合起来,把融资成本降到原成本的7%,且还有进一步下降的空间。上述举措在一定程度上解决了中小企业面临的部分融资难问题,进一步优化了重庆市营商环境。

在信易租方面,两江新区、重庆经开区等政府部门,为守信的中小创业或创新企业提供办公设施、办公场地等优惠便利租赁服务,支持大众创业、万众创新,有效缓解中小企业资金短缺问题。

在信易批方面,将信用"红黑名单"应用于网上行政审批、投资项目审批等场景,诚信企业可享受容缺受理、便利审批通道等有利服务。此外,重庆市积极创新"信易+"应用服务场景,开展科技型企业知识价值信用贷款试点,鼓励科技创新,支持科技产业发展,为有自身知识价值的小微企业提供无抵押信用贷款。

信易阅服务的开展,让更多的群众走进图书馆,学知识、守诚信,进一步提升了市民的信用度。

6. 开展重点领域诚信建设

重庆市社会信用体系建设以重点领域诚信建设为抓手,大力整治政府失信行为,切实推动阳光司法活动,积极引导企业诚信经营。目前,重庆市政务诚信、司法公信、商务诚信等重点领域信用状况总体向好发展,重大失信事件逐年减少,城市信用品质不断提升。

其一,政务诚信领域信用状况有所改善。组织方面,重庆市建立了以常务副市长为总召集人的联席会议制度,同时,市政府督查室连同其他部门对重庆市内所有区县和部门信用体系建设现状进行专项督导,信用工作完成情况也被归入政府目标绩效考核范围内。具体制度方面,重庆市积极落实守信激励和失信惩戒制度,实行政府和公务员个人政务失信记录制度。政务公开方面,重庆市出台系列政策法规,政务决策、行政管理、公务执行和处理结果等方面的公开与公示程度有所提高。

其二,司法公信方面,法院、检察院信用体系建设工作逐步开展,优良信用事件数量逐年增加。重庆市利用互联网实行司法公开,开展法院信息公开平台建设,以公开推动公信,以公信促公平,审判程序、裁判文书、执行流程等方面的公开度有所提高。

其三,商务诚信方面,重庆市以打造"失信受限、守信受益"的法制化诚信营商环境为目标,强化信用在商事领域事前、事中、事后监管中的作用。重庆市采集企业商事活动数据,监管企业经营行为,开展评选诚信示范单位活动,引导社会监督,发动重庆市企业、经营者积极参与诚信建设,全面推动诚信经营、诚信评价、诚信消费、诚信文化教育,推动优良的商务诚信氛围建设,商事领域的消费满意度和市场诚信度有所提高。

7. 开展区县诚信建设

在全社会联合努力下,重庆市社会信用体系建设逐步向区县延伸,已取得初步成效。通过与华龙网等市内外征信机构共建合作,重庆市多个区县在平台搭建、数据归集、数据开放、联合奖惩、信息应用、信息安全等方面取得积极进展。

具体来讲,黔江区在行政审批、招标投标、工程建设、纳税等领域建立守信激励和失信惩戒制度,搭建"信用易融"中小企业信用信息服务平台,助力中小企业的发展。巴南区于2019年6月建成信用监测平台并投入使用,信用监测平台包含一站式查询、区域信用风险预警、市场主体监管、大数据可视化展示、诚信惠民、机关诚信考核等子系统,具备信用信息记录、归集、整合、开放等多项功能。当前,平台信用信息提供主体共82个,监测区内市场主体超过13万个,各部门可便捷查询各类信用信息。此外,巴南区还积极创建信用村镇,并建立财政贴息、贷款优先、项目资金补贴等配套激励措施。南岸区建立"信易通"服务模式,结合信用承诺与信用报告,对符合条件的市场主体在简化审批流程、资金补贴、融资贷款等事项中给予倾斜和便利。九龙坡区积极推动"税银合作",将纳税信用等级评定纳入银行放贷条件,同时,在重庆市率先启动全域企业信用"体检",发布全域企业综合信用分析报告,对近百家区内重点企业进行深度信用分析,形成重点企业信用报告近2 000份,推动区内企业信用建设。丰都县将信用产品应用于政府采购、工程招投标、金融、财政资金补贴等领域,专门设立3 000万元政府信用担保基金,关注中小微企业信贷融资困难、可融资金少等问题,并在行政服务中心增设2个专职办理征信业务的服务窗口。巫溪县在食品安全、医疗卫生、城市文明建设等领域实施信用承诺制度,初步实现巫溪县信用承诺全覆盖,该县全领域信用承诺书入选首届全国信用承诺书示范性案例,该县全领域信用承诺入选2019年"诚信建设万里行·重庆站""信用重庆十大典型"名单。重庆市其他区县也积极开展诚信建设,推动信用体系建设区域联动发展。

8.明显改善社会诚信环境

当前,重庆市社会诚信环境已明显改善。围绕多个重点领域,组织开展失信问题专项整治,开展"诚信建设万里行·重庆站"、"诚信点亮中国"全国巡回活动(重庆站)暨"诚信知识进校园"专题讲座系列活动等,全力打造"不敢失信、不能失信、不愿失信"的社会环境。针对当前诚信缺失这一突出问题,重庆市开展电信网络诈骗专项治理行动、互联网信息服务领域失信问题专项治理行动、防疫物资产品质量和市场秩序专项治理行动、扶贫脱贫失信问题专项治理行动、考试作弊专项治理行动、交通运输领域失信问题专项治理行动、骗取社会保险专项治理行动、金融领域失信问题专项治理行动、生态环境保护失信问题专项治理行动,贯彻落实市委全面依法治市委员会"加强综合治理从源头切实解决执行难问题"任务分工等"十项重点治理行动"。目前,上述活动已取得较为明显的成效,市民诚信意识普遍增强,全市信用环境明显改善。

(二)存在的主要问题

尽管重庆市在社会信用体系建设方面取得了较为显著的成效,但是调查发现,仍然存在以下四个方面的问题。

1.社会信用治理协调体制不够完善,协同力度还可增强

社会信用体系建设成效如何与协同治理程度息息相关。重庆市社会信用体系建设是一项系统工程,必须做到"内外兼修",既要加强内部协同治理,也要加强外部协同治理。近年,重庆市已经在市内外建立了一些社会信用治理的协调体制,取得了良好的效果,但是在协调主体、协调范围、协调方式等方面仍然不够完善,导致重庆市内外均存在协同力度不够的问题。

外部信用协同治理力度不够主要体现在重庆市与中央、重庆市内与市外两个方面。按照通常做法,中央应该出台文件对社会信用治理的协调主体、协调范围、协调方式等作出规定,但是由于社会信用治理是一个新事物,相关的理论研究不足,实践经验也比较缺乏,加之各个地方情况不同,因此,中央很难对地方的社会信用治理的协调体制作出一个明确规定,而是更多采取中央和地方分别探索的模式推进社会信用治理工作。这种推进工作的模式叠加上中央与地方决策的相对独立化,就导致了协同力度不够的问题。

内部信用协同治理力度不够主要表现在重庆市各区县、部门之间。虽然重庆市内多个区县和部门之间在平台搭建、数据归集、数据开放、信息应用等方面进行了协同,取得积极进展,但部门和区域之间的联动发展尚在不断探索和完善中,相互的协调机制仍然不完善,协同力度还需要增强。比如,由于市内各区县、部门的信用信息平台承担单位各不相同,利益存在不同,这就导致各平台数据之间的开放和流通等方面出现了问题,这给重庆市社会信用治理工作带来了障碍。又比如,一些部门难以获得其他部门的必要信息,给信用联合奖惩工作带来了困难。

2.部分企业、行业的信用文化较为落后,信用制度不够健全

目前,重庆市企业、行业信用体系建设存在薄弱环节,具体表现在企业信用文化、企业信用内部管理制度、行业信用制度等方面:

其一,部分企业信用文化发展较为落后。市场经济是"契约经济",必须讲"信用"。企业信用文化是企业文化建设的重要内容,是企业在激烈的竞争环境中立足的根本。但部分企业尚未意识到企业信用文化的重要性,这体现在企业管理人员等重要人员对企业信用存在认识偏差,对信用风险认识不足,信用管理不到位。实践中,部分企业制假、违约、拖欠、逃废债务、逃税、漏税、骗税等失信乱象频发。

其二,部分企业信用内部管理制度不够健全。由于我市社会信用体系建设仍处于夯实基础、深化布局、加快探索的起步阶段,与建成高质量发展高品质生活新范例的要求还有一定差距。制度环境的制约加之企业信用意识薄弱,使得部分企业内部信用管理架构尚未构建、信用管理制度欠缺,信用管理执行不力,难以到位。

其三,行业信用制度建设有待加强。行业信用评价、信用分级分类、守信激励和严重失信主体名单认定等制度建设仍有待进一步健全。此外,行业协会、商会尚未广泛推行行业内信用承诺制度,尚未制定行业信用等级分类标准、信用评价周期制度,信用评价体系及"红黑名单"制度也尚存不完善之处。

3.政务诚信、司法公信建设还有提升空间

政务诚信和司法公信建设在社会信用体系建设中发挥引领作用,重庆市在这两方面的建设中有所作为,但也存在不足之处。

政务诚信建设既是法治政府的必然要求,也是社会信用体系建设的重要基础。政务诚信集中体现于政府依法行政、守信践诺的行为之中。然而,由于个别地区政府管理能力不足、责任

意识有待提高等原因,政务诚信建设还有提升空间。具体表现在以下几个方面:

其一,行政决策的质量有待进一步提高。个别政府机关在行政决策时尚未充分考虑实践需求,深入调研也有所欠缺,加之行政决策的程序存在不规范之处,影响了行政决策的质量和效率,降低了行政决策科学化、民主化和法治化程度,给公共政策的信用带来了一些冲击。

其二,行政执法的规范性还需重视。在个别执法案例中,存在没有严格依职权、依程序执法的现象。这些有待规范的执法行为不仅会影响正常的市场竞争秩序,也会影响政府的公信力。

其三,对"形象工程""新官不理旧账"等政府失信行为治理还可以加大力度。

司法公信是社会组织、民众等对司法行为的一种主观评价或价值判断,是司法行为所产生的信誉和形象在社会组织和民众中所形成的一种心理反映,集中体现在司法机关依法行使司法权进行裁判的过程和结果之中。虽然重庆市在加强司法公信建设、保障社会公平正义方面有所作为,成绩明显,但在以下三方面还有待完善:

其一,有必要进一步加大打击虚假诉讼的力度。虚假诉讼是指当事人通过虚构法律关系、捏造事实、伪造证据、提供虚假证明文件等手段,达到侵占他人财产、转移资产、骗取保险等目的的行为,多发于民间借贷领域。虚假诉讼既浪费了司法资源,也会降低司法公信力。重庆在打击虚假诉讼方面成绩显著,但还可以进一步加大打击虚假诉讼的力度,争取消灭虚假诉讼。

其二,司法的透明度和裁判文书的说理程度还有提升空间。近些年,重庆司法的透明度明显加大,裁判文书的规范性和科学性不断增强。但在有效公开办案过程,增强裁判文书的说理程度等方面仍有较大提升空间,其提升可进一步增强司法的公信力。

其三,司法责任配套制度还可以进一步健全。总体来看,重庆市司法责任制度落实得不错,但是在个别法院还存在司法责任配套制度不健全的问题,影响了司法责任制度完全落实。

4. 信用建设人才比较缺乏,诚信意识的培育工作力度还需增强

信用建设人才及诚信意识培育工作的深入开展,有助于提升全市信用软实力、改善民风和城市风貌、提高重庆市社会信用体系建设实效。当前,重庆市虽已开展信用建设人才及诚信意识培育工作,但仍有待进一步深入。具体表现为:

其一,全市信用建设人才培育工作不到位,信用建设人才匮乏。社会信用体系的建设离不开专业的信用建设人才。而由于我市社会信用体系建设起步晚,与先进省市相比基础保障水平仍有待提升,尤其在人才培育方面。我市设置信用专业学科的高等院校较少,重庆工商大学融智学院虽开设信用管理专业,但信用管理与金融学之间的关系仍含糊不清,专业定位仍有待进一步明晰。此外,信用行业人才队伍建设也有待加强。

其二,全市诚信意识培育工作力度不够。当前,重庆市政府部门、企事业单位和社会组织参与及开展信用宣传活动的力度还有待提升。具体表现在宣传方式较为单一,宣传对象尚未全市覆盖,学校对诚信意识宣传教育力度不够,全市关注信用、倡导信用的浓厚氛围尚未形成等方面。

三、重庆市外社会信用体系建设的经验借鉴

他山之石,可以攻玉,在阐释了现有问题的基础上,下文将比较借鉴重庆市外社会信用体系建设的经验,具体分为国外经验与国内其他省市经验。

(一)国外经验

国外社会信用体系建设尤以三种模式为典型代表:以美国为代表的市场主导型模式、以欧洲为代表的政府主导型模式以及以日本为代表的行业协会主导型模式。[1]现就此三种典型代表模式分别予以介评,进而归纳总结可资重庆市社会信用体系建设借鉴的国际经验。

1. 国外社会信用体系建设的代表模式

(1)以美国为代表的市场主导型模式

美国模式的产生是市场发展之结果。美国拥有以先进的征信企业为重要标志的信用服务主体,具备了由完善的法律制度

---

[1] 曹元芳.发达国家社会信用体系建设经验与我国近远期模式选择[J].现代财经,2006(06):20-23.

加以保障的信用监督管理系统。[1]此种典型模式具有高度市场化的基本特征。征信机构具有营利性,信用信息及信用产品按照商品交易的原则有效流通,政府的主要作用则限于推动信用立法的通过、施行以及履行其监督管理信用行业的职能,交易主体信用意识较强,有关行业协会亦扮演着重要角色。其中,尤值一提的是良好的法律制度保障。[2]具体来讲,美国的信用法律体系涵括了信用管理、个人隐私保护以及政府信息公开等方面。从20世纪60年代起,美国就不断推动促进相关立法,目前已形成以《公平信用报告法》(Fair Credit Reporting Act)为核心的较为完备的信用法律体系。

(2)以欧洲为代表的政府主导型模式

此种模式下,政府主导即体现为通过政府建立了公共信用机构。此种模式被广泛应用于西欧诸国。需要指出的是,该模式也并不否认私营征信机构的存在与发展。信用体系结构的多元化与信用经营服务的多样化已成为政府主导型模式之趋势。[3]此外,统一的信用管理立法同样构成了欧洲诸国信用行业长足发展的基本法制环境。总体来讲,该模式利弊兼具:一方

---

[1] 刘肖原,等.我国社会信用体系建设问题研究[M].北京:知识产权出版社,2016:63.

[2] 董才生.美国社会信用体系建设的经验教训对我国的启示[J].东北亚论坛,2008(06):39-42.

[3] 1992年欧共体中央银行行长会议将公共信用信息系统定义为"为向商业银行、中央银行和其他金融监管部门提供关于公司、个人乃至整个金融系统的负债情况而设计的一套信息系统",可见该系统的运作局限于金融征信领域。但随着欧洲经济一体化程度的提升,各异的社会信用体系模式得以多元运用,资信调查、信用评级、信用保险、商账追收、资产保理等诸多经营服务内容得到综合化转变。

面,政府以其强制力实现信用信息的汇集与管理,并立法保障个人隐私、数据使用等;另一方面,此种模式由政府主导,行政垄断特质明显,市场化程度不足,或未能有效对接市场需求,且其信用信息的归集与使用存在单一性[①]、封闭性等弊端。因此,对该种模式亦需辩证看待,扬长避短。

(3)以日本为代表的行业协会主导型模式

日本的行业协会主导型模式又称为会员制模式,这种模式明显区别于欧美国家。顾名思义,该种模式以行业协会为主导建立信用信息平台,从而实现信用信息的全流程管理。此种模式的形成极大程度上有赖于日本行业协会的强大力量。同时,此种模式可为特定行业的企业提供政府基于公共属性而无法提供、单个企业囿于高昂成本花费抑或出于防范其他企业"搭便车"的经济人理性考量而不愿提供的特殊市场需求服务。[②]在认识到日本行业协会主导型模式合理性的同时,其不足之处亦需指出。行业协会主导的社会信用体系构建具有自发性,由行业协会归集的信用信息也未必全面、真实、适时,更遑论此类信用信息仅共享于行业协会内部,其使用范围的局限性可想而知。此种模式下,行业协会举足轻重,然而以之为决定性的主导力量尚待斟酌。

---

① 单一性是指欧洲的个人信用信息来源相对狭窄,不包括来自法院、公共租赁公司、资产登记机构以及税务机关等非金融机构的信息,也很少收集商贸信贷的信息,只有不到1/3的公共调查机构掌握信用卡债务信息。刘肖原.我国社会信用体系建设问题研究[M].北京:知识产权出版社,2016:69.

② 国家经贸委产业政策司.国外行业协会资料选(第一辑)[M].北京:中国商业出版社,1999:60.

整体上看,三种典型代表模式各有千秋,却也利弊并存,但无一不是根据各国国情而定。申言之,在以美国为代表的市场主导型模式下,高度市场化的运行充满活力,加之完善的信用法律体系的有力保障与社会信用意识的普及,使得该种模式可资借鉴。然而2001年、2007年的美国信用危机同样提醒着我们对于制度缺陷与监管漏洞的时刻警惕。在欧洲模式下,行政力量与国家财政提供了强有力的保障,但对市场力量的挤压留存了较大的寻租设租空间,如何协调社会信用体系建设中政府与市场的关系,应当成为此种模式所面临的重大命题。在以日本为代表的行业协会主导型模式下,不同行业协会各自为政的局面无疑在一定程度上"肢解"了完整的社会信用体系建设过程,联想到日本强势行业协会的经济社会背景,该种模式弊端的破局仍道阻且长。国际上三种社会信用体系建设模式的对比见表1。

表1 国际上三种社会信用体系建设模式

比较项目	代表国家		
	美国	欧洲(法国、德国等)	日本
社会信用体系模式	市场主导型	政府主导型	行业协会主导型
法律体系完备程度	较为完备	一般完备	有待完备
主要的信用立法	《公平信用报告法》《平等信用机会法》《诚实租借法》	德国:《一般交易约定法》《联邦数据保护法》	《分期付款销售法》

续表

比较项目	代表国家		
	美国	欧洲(法国、德国等)	日本
主要的信用立法	《信用卡发行法》《信用修复机构法》《信息自由法》《阳光下的联邦政府法》	法国:《信息、档案和个人权利法》英国:《消费信贷法》《数据保护法》欧盟:《欧盟数据保护指南》《通用数据保护条例》	《信用信息服务机构的个人信用信息保护方针》《消费者合同法》
监管组织及其职能	政府及其有关部门负责推动立法与信用监管	中央银行或其他金融监管机构负责征信运行与信用监管	行业协会负责信用信息归集与行业信用自律管理
信用信息系统建设	主要由私营征信机构进行	主要由政府主导公共运作	主要由行业协会组织
社会信用服务机制	完全市场化运行	政府为主,私营为辅	协会内部共享互助

2.社会信用体系建设国外经验总结

如前所述,在对国外三种典型代表模式进行介绍和比较的基础上,须进一步回归重庆市社会信用体系建设的现实要求,归纳可资借鉴的国际经验。申言之,上述代表模式的建设经验可进行如下归纳:

(1)构建完善的信用法律规范体系

构建完善的信用法律规范体系可谓先行之举。视各异之模式,美国社会信用体系建设的显著成效即仰赖于其较为完备的信用法律体系,欧洲诸国的成功经验也仰赖于相关立法的次第推进。由美欧经验可知,适时的信用立法可以将社会信用体系建设的宏观制度安排、信用信息系统的构建运行、信用主体与监管机构的权责义务等诸多重要的制度设计付诸规范,从而对现实需求有所回应。目前,我国信用立法规范尚存规范虚位、结构模糊、约束不足、权责不定、利益分配不平衡等缺陷,[1]重庆市的社会信用规范亦无出其外。因此,重庆市应因时制宜、因地制宜、因事制宜地推进信用法律体系的完善。

(2)健全社会信用体系的基础设施

通过上述介评可知,各模式均重视社会信用体系基础设施的健全。由此可见,健全社会信用体系的基础设施乃是基础性工作。以美国为例,政府并未直接介入相关基础设施的建构,但其发展出了高效运转的征信服务市场,各征信机构通过有效竞争极大地扩充了衔接信用市场需求的信用信息数据,衍生了多样的信用产品,并通过市场交易实现了信用信息的流通与共享,从而构建了以市场力量为主导的庞大基础设施。反观日本,诸多行业协会以其所处特定行业的局限性而不可避免地陷入"各自为政"的分裂局面。立足于独特的中国国情和重庆市市情,重庆市构建以信用信息数据库为基础的社会信用体系基础设施应为当务之急。

(3)协调好社会信用体系建设中政府与市场的关系

协调好政府与市场的关系,在发展市场经济、优化营商环境的当下,在重庆市建设社会信用体系的语境中,毋庸置疑始终是

---

[1] 李晓安.我国社会信用法律体系结构缺陷及演进路径[J].法学,2012(03):143-154.

一个重大命题。综观美欧之模式,实质上都是对该命题的权衡与抉择。美国因其高度成熟的市场经济而选择了完全市场化的建设模式,虽使得其信用行业的发展充满活力,但是市场失灵的先天不足亦为监管部门带来了巨大的挑战,须得时时防范其成为"脱缰之马"。欧洲诸国选择通过公共部门主导建立社会信用体系的方式,尽管赋予了其强有力的公权后盾,却也潜藏着行政权力过度膨胀从而左右市场、侵害私权、寻租设租的宿命。上述两种模式都就政府与市场的关系作出了适合自身却难能尽善的选择。观诸自身,依循何种路径建设社会信用体系从而达致政府与市场的调和状态,尤待求索。

(4)优化信用监管机制

信用监管是建设社会信用体系的重要环节,优化信用监管机制则是发达国家信用体系建设的重要经验。信用监管的实质就是课以违法主体相当于乃至超过其违法收益的高昂成本,使其在违法成本前望而却步,并设置了不同递进程度的违法成本。针对市场主体在经济利益诱惑前采取铤而走险的机会主义行为,强化信用监管机制可谓对症下药之举。但鉴于社会信用体系建设在不同经济社会阶段的差异化要求以及行政权力所具有的天然扩张性,"优化"当为更好的信用监管路径。是故,我们认为应当优化信用监管机制,而非一味强调强化。此处的"优化"主要强调的是信用监管资源的合理配置与有效利用。优化信用监管机制,就是要区别赋予不同的监管主体以不同的权责配置,对关键领域与重要行业进行倾斜性的信用监管,对同一领域或行业分阶段进行不同力度、不同侧重的信用监管,真正做到"好钢用在刀刃上"。

(5)培育信用意识与信用氛围

社会信用体系的建设兼具法制取向与道德取向。社会信用体系的建设与巩固需要全社会信用意识的培育与信用氛围的养成。美国的成功经验即为例证。申言之,美国社会与商业交往中所强调的信用意识推动了全社会信用氛围的形成。为此,需要强调并持续推进全社会信用意识的培育与信用氛围的养成。

3.重庆市社会信用体系建设的模式选择

国外各代表模式均植根于其形成和发展的实际情况。职是之故,重庆市社会信用体系建设的模式选择亦应立足实践,植根于国情、市情,既要与我国的相关宏观制度设计相衔接,也要彰显重庆市的地方特色,从而准确把握重庆市自身的模式选择。

承前所述,三种典型代表模式利弊兼具,务应进行比较权衡。高度市场化的美国模式使得以美国为代表的社会信用体系建设经验具有颇多可取之处,但市场主导的自发性、盲目性等先天不足亦为监管部门带来了巨大的挑战。在欧洲模式下,行政力量与国家财政提供了强有力的保障,但对市场力量的挤压留存了较大的寻租、设租空间。美欧模式都各有可取之处,也各有不足。因此,重庆市社会信用体系建设的模式选择不能在二者间有所偏废,应当兼顾其中的可取之处,并结合国情、市情,形成具有本市特色的建设模式。

申言之,重庆市应当选择复合型模式,不完全同于美欧模式。重庆市社会信用体系建设应当兼采二者之长,选择以政府为主导、以市场为辅助、政府与市场联动互通的建设模式。如此,既可通过政府的力量规划、指引、保障重庆市社会信用体系的良好建设与健康发展,亦为市场的培育发展留足空间,引入活水之源。此外,还可借鉴日本经验,充分发挥行业协会的重要作用。总之,重庆市的社会信用体系建设模式的选择来自实践,亦应在重庆市的建设实践中检验完善。

(二)国内部分省市经验

与国内部分城市相比,重庆市社会信用体系建设仍存在诸多不足。根据对各城市的比较研究,本报告以国内社会信用体系建设较为领先的三个城市为例进行现状梳理,并提炼出可供重庆市借鉴的先进经验。

1.国内部分城市社会信用体系建设的现状概述

根据2020年全国城市信用状况监测平台发布的数据,重庆市综合信用指数为88.63,在全国36个省会及副省级以上城市中位列第九;该榜单的前三名依次是北京市、上海市、福州市。[①]根据该平台提供的信息与数据,可以对我国不同城市和地区的建设水平有所了解。鉴于杭州市在该方面也取得了相当的成果,下文将选取上海、杭州、福州三市为研究对象,进行进一步分析。

(1)上海市社会信用体系建设现状

一方面,上海与重庆同为直辖市,从此点来看两市的社会信用体系建设或具共通之处;另一方面,上海作为全国最早探索信

---

① 人民网.国家城市信用状况监测平台最新公布排名 福州综合信用指数全国第三.http://fj.people.com.cn/n2/2020/0228/c181466-33835574.html.2020-02-28.

用的地区之一,颇具建设经验。同时,上海市也形成了一些具有区域特点的经验做法。

以上海市浦东新区为例,浦东新区因改革而生,因改革而兴,其在社会信用体系建设方面形成了一些有益探索。一方面,浦东新区在制度建设、信息化基础设施、公共信用评估、信用信息应用、信用修复、舆论宣传等方面,形成了"六大基础体系"[①]。而在信用信息应用方面,浦东新区在信用体系创新探索中,率先打造形成"十大创新样板",注重信用监管,致力于打造浦东模式。举例言之,浦东新区在全国率先开展"证照分离"改革,打造形成以告知承诺审批管理制度为突破口的"信用许可"浦东样板。

上海市在社会信用立法方面亦可借鉴。在缺乏上位法指引和其他省市立法参考的背景下,上海市成立立法专家咨询组,积极举办高峰论坛凝聚各方共识,终成《上海市社会信用条例》,并于2017年10月1日施行。该条例在诸多方面首开社会信用地方立法之先,进行了颇多有益尝试,是值得肯定和参考的。

(2)杭州市社会信用体系建设现状

杭州市作为首批社会信用体系建设示范城市之一,坚持以"信用惠民"为建设理念,以"平台开放"为基础支撑,以"奖惩联动"为治理核心,以"分类监管"为重要抓手,以此作为推进社会治理的重要机制。

[①] 六大基础体系分别包括:①"1+4+X"的信用制度体系;②"一库一网一平台"的信息化基础设施体系;③实时动态的公共信用信息评估体系;④构建形成覆盖企业全生命周期的信用监管应用体系;⑤构建形成针对失信主体的信用修复体系;⑥促进"知信、守信、用信"的舆论宣传体系。

具体来看,杭州市多项社会信用体系建设举措对各个城市具有重要的学习借鉴价值。在组织与规划方面,杭州市成立了该项工作的领导小组,出台相关规划,明确各阶段任务。在制度规范方面,杭州市通过了《杭州市公共信用信息管理办法》,并以此为统领,出台各项信用管理和应用制度等配套规定。在信用信息平台建设方面,杭州市早于2008年即启动平台建设,依托大数据技术,现已建成"一网两库三系统"[①]。杭州市通过技术方面的体系设计,进行信用信息数据的归集、分类与管理,提升了信用信息数据的应用效率,促进共享开放。相较于其他省市,杭州市在上述三个社会信用建设方面具有一定的领先优势。此外,杭州市注重探索重点领域的社会信用奖惩机制建设,针对青年诚信、交通文明、医疗卫生等19个重点领域实现联合奖惩多措并举,增进信用建设动力。[②]更值得一提的是,杭州推出了专属城市信用分"钱江分"。[③]

[①] "一网两库三系统"指信用杭州网(一网),自然人信用数据库和法人信用数据库(两库),城市服务信用辅助管理系统、城市治理信用支撑系统和信用大数据分析应用系统(三系统)。

[②] 例如,由杭州市中级人民法院、公安局、人力资源社会保障局、发展改革委等11个部门共同签署的《杭州市关于对严重交通违章当事人实施失信联合惩戒的合作备忘录》,共同承诺对毒驾等29种严重交通违法行为进行联合惩戒。

[③] "钱江分"是指基于杭州市公共信用信息平台等渠道长年积累的用户数据,在用户授权之后,采集用户经济生活各领域中信用变量特征,通过科学评估模型得出的用户信用分。"钱江分"覆盖基本信息、遵纪守法、商业用信、生活用信、城市贡献五大维度,可实现公交扫码先享后付、公租房免押金等便民优惠。在杭州工作生活且年满18周岁的市民,均属于"钱江分"用户,可以直观了解自己或他人的守信情况。同时,不守信行为如贷款逾期、欠缴生活费等都将影响钱江分,对失信市民日常生活造成不便影响。

（3）福州市社会信用体系建设现状

福州市社会信用综合信用指数已经由2017年的第九名上升至2020年的第三名，可见该市近年来在社会信用体系建设方面采取的举措发挥了重大作用。

在立法规范方面，福州市于2019年开始实施《福州市社会信用管理暂行办法》，并对"红黑名单"的应用作出明确规定。[①] 借助配套的激励与惩戒措施，分别对"红黑名单"中的主体予以便利或限制，进而促进守信文化的形成。在信用信息平台建设方面，截至2020年6月，福州市信用信息平台已覆盖全市多层级主体。自平台投用以来，信用数据月增量达3000多万条，总量已逾10亿条，覆盖工商、税务、环保、食品药品、交管、公安等多领域。与信用信息平台相对应，福州市还制定了40个领域的联合奖惩方案，建立信用信息和"红黑名单"工作制度，联合奖惩的机制趋于完善。

在信用信息应用方面，福州市社会信用体系建设也作出了一些有益的尝试，以期将信用融入到百姓教育、医疗、交通等日常生活场景。例如，推行"福码"用于城市公共服务支付，全面推行"信易游"项目，为福州景区内游客提供免押金住宿等福利

[①]《福州市社会信用管理暂行办法》要求，各级国家机关、法律法规授权的具有管理公共事务职能的组织应当根据《福州市信用红黑名单管理暂行办法》的规定，认定和发布诚信典型"红名单"和失信主体"黑名单"，并在行政管理和公共服务事项中查询使用"红黑名单"信息。

等。①当然,福州市社会信用体系建设仍存在一些不足之处,如相关法规尚不健全,而现有规范文件层次较低,无法保障信用服务市场健康发展。

2.国内部分城市社会信用体系建设的经验总结

通过对上海、杭州、福州等社会信用体系建设较为发达的城市进行现状梳理,可以归纳出其中具有共通性的合理举措或制度设计,主要包括强调立法引领,完善信用监管配套机制以及丰富信用信息应用场景。

(1)强调立法引领作用

综观诸省市,多个省市对地方社会信用立法给予高度重视。然而,当前各省市社会信用立法的进度参差不齐。在缺乏上位法指引的情况下,地方社会信用立法的推进难免遇到诸多困境,包括但不限于相关概念的辨识、立法体例的设置、多种主体利益平衡方面的困境。尽管如此,地方立法的引领作用是无可置疑的。在这一方面,已经完成社会信用立法的省市可以提供有益参考。

(2)完善信用监管配套机制

信用监管配套机制的有效运行具有关键作用。完善联合奖惩机制,构建企业自律、政府监管、社会共治的信用监管体系,应当是重庆市当前及未来的工作重点。综合其他城市经验来看,信用监管的运作离不开信用信息平台建设、高效的信用信息归集以及信用监管信息公开等配套机制,进而实现对信用应用全过程的监管。事前建立健全信用承诺制度并积极开拓信用报告

---

① 值得一提的是,福州市打造了全国第一个信用主题街区——三坊七巷,在该街区设置信用商家、无人超市、信用支付等多项信息信用应用场景,为商户和旅客提供了诸多便利。

应用情形,事中实施分级分类监管、信用记录等制度,事后则可以探索实施信用修复机制,落实联合奖惩机制,依法追究违法失信责任。

(3)丰富信用信息应用场景

要使社会信用奖惩机制充分发挥作用,还应当重视信用信息的应用环节,而丰富信用信息应用场景则成为重庆市当下的工作要点之一。[①]信用信息应用已经在部分省市顺利推行,并取得了较为积极的效果。

近年来,重庆市内旅游景点知名度提升,被冠以"网红城市"之名,可根据这一特点借鉴福州市"三坊七巷"信用主题街区的建设经验,推行并拓展信用信息应用,在便利游客的同时实现宣传守信文化的倡导作用。而在市民日常生活方面的信用信息应用,可参考杭州市既有经验,将社会信用信息覆盖基本信息、遵纪守法、商业用信、生活用信、城市贡献等领域,将信用信息用于提升市民生活便利度。

四、重庆市社会信用体系建设目标架构及中长期目标

建设重庆市社会信用体系是一项系统性建设工程,需明确

[①] 以"信用+民生"为例,《重庆市2020年社会信用体系建设工作要点》指出,要"探索推动信用与医疗健康、养老服务、家政、食品、劳动用工、旅游、交通出行、酒店入住、图书借阅等民生领域的协同,创新服务模式和产品,提升民生服务供给质量,增进群众福祉"。

目标架构(见图1)及中长期目标,为制定基本任务、监测指标,明确工作建议提供指导。重庆市社会信用体系目标框架的确立不仅需符合重庆市社会发展趋势,以引导重庆市社会信用体系的建设,而且,由于建设重庆市社会信用体系是一项长期性工程,需要经历信用体系发展的多个阶段,因此需要设立符合社会信用发展的阶段性目标,针对各阶段现状、特点与问题设定针对性任务与措施,从而顺利建成重庆市社会信用体系。

(一)目标架构

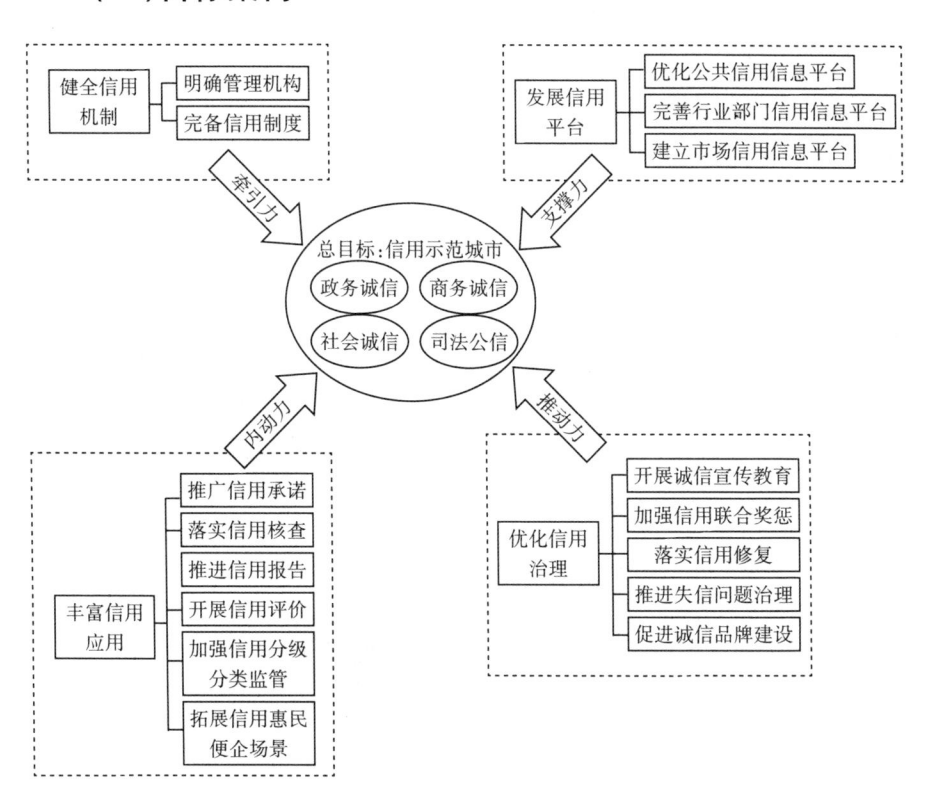

图1 重庆社会信用体系建设目标架构示意图

为全面落实党和国家对社会信用体系建设的决策部署，深入贯彻习近平总书记对重庆提出的营造良好政治生态，推动成渝地区双城经济圈建设等重要指示要求，大力推动重庆市社会信用体系建设目标，课题组构建了重庆市社会信用体系"1+4+16"的目标框架，即"1个总目标""4个支柱架构"和"16项重点建设任务"。"1个总目标"即将重庆市建设为全国信用示范城市，成为全国社会信用体系建设发展的旗帜。在"1个总目标"指引下，同步展开"4维"支柱性工作，全力建设"16项重点建设任务"。即以"健全信用机制"为"牵引力"，通过"明确管理机构"和"完备信用制度"明确社会信用建设的方向和规则，指导和规范信用平台、信用应用和信用治理；以"发展信用平台"为"支撑力"，全面打造"公共信用信息平台""行业部门信用信息平台"和"市场信用信息平台"，为社会信用体系建设做好底层支撑；以"丰富信用应用"为"内动力"，全面推广"信用承诺""信用核查""信用报告""信用评价""信用分级分类监管"和"信用惠民便企场景"，提升社会信用体系应用能力，促进信用市场发展；以"优化信用治理"为推动力，加强"诚信宣传教育""诚信品牌建设""信用联合奖惩""信用修复"和"失信问题治理"，以改善诚信环境。在牵引力、支撑力、内动力和推动力的协同作用下，最终实现政务诚信、司法公信、商务诚信和社会诚信，使重庆成为全国信用示范城市。

(二)中长期目标

在目标框架指引下,以五年为一个建设周期,确定"三个五年"的中长期目标,按照"夯实基础—基本成型—总体完善"为思路,明确重庆市未来社会信用体系建设具体目标,以指引和激励重庆市未来社会信用体系建设。

1. 夯实基础:2021—2025年社会信用体系建设目标

重庆市应当在21世纪第三个十年之初,确立一个五年之内可以实现的目标,即在重庆市信用建设成果基础之上,为重庆市社会信用体系建设夯实基础。

(1)信用机制建设目标

信用机制建设目标分为管理机构、信用制度两方面。

第一,管理机构方面,建立相关政府机构,设置并优化如社会信用建设联席会议办公室等专门机构,明确领导职责划分,并按照要求配置相关人员。

第二,信用制度方面。首先,编制信用规划。除了编制《重庆市社会信用体系建设规划(2021—2025年)》,每年需编制下一年《重庆市社会信用体系建设规划》。其次,健全信用立法。全面构建以《重庆市社会信用条例》为基础,以信用信息管理、信用应用、权益保护、信用市场和信用环境为补充的全方位、专业化的信用法规体系,实现全市重要系统、关键环节和重点领域制度全面覆盖,社会信用体系建设法治化、规范化迈入新台阶。最后,制定信用标准。全市各级各部门初步制定信用标准体系,完成制定涉及信用信息共享公开、信用承诺、信用评价、信用应用、信息开放的标准超过200项。

（2）信用平台建设目标

信用平台建设目标分为公共信用信息平台、行业部门信用信息平台、市场信用信息平台三方面。

第一，公共信用信息平台。首先，平台建设方面，打造全市一体化公共信用信息平台，初步建立市、区县（自治县）信用平台及网站，优化平台功能，保证平台和网站安全管理，同时实现公共信用信息平台之间的横纵向互联互通，并争取五年内接入市场化平台数量10个以上。其次，公共信用信息方面，全面提升公共信用信息质量与数量，到2025年时，实现公共信用信息归集量突破7.5亿条，市场主体信用档案建档率达到100%，实现各区县"双公示"数据的"全覆盖、无遗漏"。统一社会信用代码，保证统一社会信用代码重错码率年均不超过0.1%。

第二，行业部门信用信息平台。首先，平台建设方面，五年内各主要行业部门初步建成部门信用信息平台，并优化行业部门信用信息平台功能，保障网站和平台安全管理，实现行业部门信用信息平台的横纵向互联互通，并实现行业部门信用信息平台与公共信用信息平台的互联互通。其次，公共信用信息方面，根据市公共信用信息平台数据标准和规范要求，按照规定周期报送公共信用信息，保证归集的公共信用信息的数量和质量。

第三，市场信用信息平台。五年内，重庆市应当积极通过激励措施，争取建成3个以上市场信用信息平台，并鼓励市场主体依法依规积极收集市场信用信息。

（3）信用应用建设目标

信用应用建设的目标分为信用承诺、信用核查、信用报告和信用评价、信用分级分类监管、信用惠民便企场景六个方面。

第一，信用承诺。推行事前告知承诺，建立全市统一的告知承诺制涉企经营许可事项清单，建成告知承诺子系统，助力提升政务服务效能。实现100%证明事项和审批替代事项中开展告知承诺（法律法规规定不适用情形除外），实现80%以上行政处罚修复案例完成修复型信用承诺，提高行业自律型和主动公示型信用承诺覆盖行业数量。

第二，信用核查。信用核查在政府监管和服务事项的覆盖率达到80%，并逐渐提高信用核查次数。

第三，信用报告。大力提升公共信用报告使用率。鼓励国有企业使用公共信用报告，形成试点，争取五年内公共信用报告及征信报告查询量突破1亿次。

第四，信用评价。对全市企业开展公共信用综合评价，实现公共信用综合评价覆盖率超过90%。

第五，信用分级分类监管。市级部门结合评价结果，叠加行业监管类指标，开展行业分级分类监管。全市采用分级分类覆盖行业数量达到50个。

第六，信用惠民便企场景。初步形成以行政领域为主、社会和市场领域协同的信用联动场景应用体系。推动惠民便企服务场景突破100个，初步开拓"信用+"产业，同时不断增加信用惠民应用场景，力求"信易贷"规模突破1000亿元。

(4) 信用治理建设目标

信用治理建设目标分为以下五个方面：

第一，诚信宣传教育。大力开展诚信宣传主题活动，强化诚信主题教育,丰富宣传教育方式,提高宣传教育活动次数。

第二,信用联合奖惩。在重点领域逐步推行信用联合奖惩措施,充分运用多种措施对守信主体进行激励,同时对失信主体加大惩戒力度,提高信用联合奖惩嵌入率。

第三,信用修复。鼓励市场主体主动纠正失信行为,通过多种方式修复信用,实现信用修复及时率达到100%。

第四,失信问题治理。实现失信被执行人涉政府机构数量为零,失信惩戒对象名单占市场主体比重降到0.5%。

第五,诚信品牌建设。打造重庆市社会信用特色地区。推动条件符合的区县创建国家及市级信用城市示范区(县),重点打造5个以上的国家社会信用体系建设示范区(县)。推动市级信用示范乡镇(街道)、市级信用示范企业和市级信用示范个人评选工作。

2. 基本成型:2026—2030年社会信用体系建设目标

在第二个五年中,重庆市应当以"社会信用体系基本成型"为目标。在全国范围内,重庆市社会信用体系建设成效显著,在全国城市信用体系的建设中起到示范作用。

(1)信用机制建设目标

第一,管理机构方面。健全相关政府机构,细分相关行业领域信用工作,实现精细化管理,明确领导职责划分,并按照要求配置相关人员。

第二,信用制度方面。首先,编制信用规划。不仅编制《重庆市社会信用体系建设规划(2026—2030年)》,每年还需编制下一年《重庆市社会信用体系建设规划》。其次,健全信用立法。

大体完成有关信用各项法规的制定工作；重点行业、重点领域的主管部门应制定对应的信用管理规章和办法，形成协调统一的制度体系。最后，完善信用标准。完善重点行业、重点领域的信用标准，从而保证信用信息收集和共享、信用应用的优化。

（2）信用平台建设目标

信用平台建设目标为大体建成信用信息平台和信用数据库。

第一，公共信用信息平台。平台建设方面，更新和完善全市一体化公共信用信息平台，全面建设市、区县（自治县）信用平台及网站，基本建成"上联国家、下对区县、横贯部门"的一体化大格局；信用信息方面，按年度更新重庆市公共信用信息目录，显著提高公共信用信息归集质量和数量，提高市场主体信用档案建档率，保持各区县"双公示"数据的"全覆盖、无遗漏"，并继续降低统一社会信用代码重错码率。

第二，行业部门信用信息平台。平台建设方面，重点行业部门建成信用信息平台，实现行业部门信用信息平台的横纵向互联互通，实现行业部门信用信息平台与公共信用信息平台的互联互通；信用信息方面，各行业部门信用信息平台继续收集和报送公共信用信息，提升公共信用信息的数量和质量。

第三，市场信用信息平台。平台建设方面，鼓励市场主体建设和优化市场信用信息平台，开发平台信用应用，并实现与行业部门信用信息平台和公共信用信息平台的互联互通；信用信息方面，鼓励市场信用信息平台依法依规广泛收集市场信用信息，并提高市场信用信息的质量。

(3)信用应用建设目标

信用应用建设目标包括以下六个方面：

第一，信用承诺。行政处罚修复案例中完成修复型信用承诺占比、主动公示型承诺和行业自律型承诺数量实现稳步上升。

第二，信用核查。继续提高信用核查覆盖事项的覆盖率和信用核查次数。

第三，信用报告。继续推广信用报告，全市大部分企业使用信用报告，五年内公共信用报告及征信报告查询量实现重大突破。

第四，信用评价。公共信用综合评价覆盖率逐步提高。

第五，信用分级分类监管。信用分级分类监管覆盖行业数量逐步提高。

第六，信用惠民便企场景。继续推广和有效管理信易贷，继续丰富信用应用场景，在各个领域开展"信易+"，力求"信易租""信易游""信易行""信易聘""信易售""信易批"等各类信用应用场景不断丰富。

(4)信用治理建设目标

信用治理建设目标包括以下五个方面：

第一，大力推动诚信宣传教育，宣传教育方式不断创新，宣传教育活动次数实现突破。

第二，信用联合奖惩方面。依法依规实施失信惩戒措施，在各个领域推行信用联合奖惩措施，继续提高信用联合奖惩嵌入率、信用联合奖惩查询量。

第三，信用修复方面。鼓励市场主体主动纠正失信行为，通过多种方式修复信用,维持信用修复及时率为100%。

第四,失信问题治理方面。维持失信被执行人涉政府机构数量为零,市场主体退出黑名单比例再创新高。

第五,诚信品牌建设方面。全面推广信用示范城市建设,继续打造国家社会信用体系建设示范区(县),推动市级信用示范乡镇(街道)、市级信用示范企业和市级信用示范个人评选工作。

3.总体完善:2031—2035年社会信用体系建设目标

在第三个五年,重庆市应当以"社会信用体系总体完善"为目标,各个领域的信用建设均取得显著进步,得到个人、企业、政府、国家广泛认可,重庆成为全国领先的诚信城市,诚信建设水平名列前茅。

(1)信用机制建设目标

信用机制建设还是从信用管理机构与信用制度两方面着手:

第一,信用管理机构。到2035年,政府信用机构建设完备,各部门领导建设有方,各部门人员各尽其责。

第二,信用制度方面,继续完备社会信用制度体系。首先,编制信用规划。除了编制《重庆市社会信用体系建设规划(2031—2035年)》,每年还需编制下一年《重庆市社会信用体系建设规划》。其次,继续健全信用立法。继续完善之前所立法规;各行业、各领域的主管部门制定对应的信用管理规章和办法,同时制定配套制度。最后,继续健全信用标准,完善各行业、各领域的信用标准。

（2）信用平台建设目标

第一，公共信用信息平台。继续优化全市一体化公共信用信息平台，同时继续扩展和优化市、区县（自治县）信用平台及网站，接入市场化平台数量、公共信用信息归集能力处于全国领先水平，公共信用信息数量和质量得到再次突破。

第二，行业部门信用信息平台。各个行业部门建成部门信用信息平台，行业部门信用信息平台实现纵向与横向互联互通。

第三，市场信用信息平台。市场信用信息平台收集市场信用信息数量和质量处于全国领先水平，完全实现与公共信用信息平台的互联互通。

（3）信用应用建设目标

第一，信用承诺方面。行政处罚修复案例中完成修复型信用承诺占比、主动公示型承诺和行业自律型承诺数量实现稳步上升。

第二，信用核查方面。信用核查已全面覆盖各事项，信用核查次数不断实现突破。

第三，信用报告方面。信用报告得到普遍适用，公共信用报告及征信报告查询数量达到全国领先水平。

第四，信用评价方面。公共信用综合评价实现全面覆盖。

第五，信用分级分类监管方面。实现全行业信用分级分类监管。

第六，信用惠民便企场景方面。信用惠民便企场景规模处于全国前列，各个领域已全面开展"信易+"服务。

（4）信用治理建设目标

信用治理建设目标包括以下五个方面：

第一，诚信宣传教育方面。诚信宣传教育方式多样，宣传教育活动次数处于全国前列。

第二，信用联合奖惩方面。所有领域已落实信用联合奖惩措施，信用联合奖惩嵌入率、信用联合奖惩查询量位于全国领先水平。

第三，信用修复方面。信用修复及时准确。

第四，失信问题治理方面。通过失信问题专项治理，维持失信被执行人涉政府机构数量为零，市场主体退出黑名单比例在全国处于领先水平。

第五，诚信品牌建设方面。全面推广信用示范城市建设，全市所有区县争创国家社会信用体系建设示范区（县），继续推动市级信用示范乡镇（街道）、市级信用示范企业和市级信用示范个人评选工作。

五、重庆市推进社会信用体系建设的主要任务

重庆市推进社会信用体系建设的主要任务艰巨而繁重，必须做好长期建设的准备。在明确并立足于重庆市社会信用体系建设目标框架及中长期目标的基础上，应当从"健全信用机制、丰富信用应用、发展信用平台、优化信用治理"四大支柱性工作

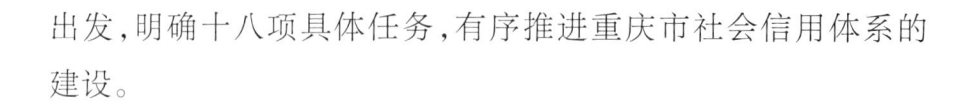

出发,明确十八项具体任务,有序推进重庆市社会信用体系的建设。

(一)健全信用机制

信用机制是重庆市推进社会信用体系建设的牵引力。完善信用机制应围绕信用机构、信用制度两个宏观层面,具体从信用管理机构、信用规划、信用立法、信用标准四方面展开。

1.强化管理机构组织保障能力

完善信用机制,需要强化信用管理机构组织保障能力,充分发挥信用管理机构组织引导、示范引领作用,具体从三方面展开:

其一,健全信用管理机构内部组织机制,加强组织领导。市级社会信用建设领导小组要定期研究全市社会信用体系建设工作,发挥组织领导作用,抓好信用工作的有序推进。

各区县、各部门在确定负责人的基础上要相应完善机构内部体制,由专门机构负责推进社会信用体系建设,负责研究各区县、各部门社会信用建设工作。

同时,健全市、区县、部门三方协调联动机制,协调解决社会信用体系建设在各区县和部门中的重大问题,统筹推进各区县、各部门社会信用体系建设高质量发展。各级政府及部门应根据上级相关文件积极推进社会信用体系建设,确保社会信用体系建设工作有机构负责。此外,还应完善市级社会信用体系建设联席会议机制,推进各区县联席会议机制全覆盖,增强各区县信用建设力量,建立上下联动、部门协作、多措并举、高效有力的社会信用体系建设推进机制。

其二,厘清信用管理机构的主体职责,落实主体责任。市级社会信用建设领导小组要加强对社会信用体系建设工作的领导、督促和检查,通过议事协调机制统筹工作任务,明确机构内部和上下级信用机构的工作任务要求及责任分工,依法依规将信用制度制定、信用评价、信用核查、信用承诺、信用分级分类监管等工作落实到相关责任主体。此外,还应定期对市、区县、部门社会信用建设工作开展情况进行汇总、评估,督促各级各部门信用管理机构积极采取措施,切实将各项工作落实到位。

各区县、各部门信用管理机构应以市级信用建设领导小组为引领,进一步强化内部的工作组织领导,健全机构内各部门的配置和责任划分机制,细化核查、汇总、评估、监督等事项的责任分工,确保各项工作任务和要求落实到相应责任主体。市级、各区县、各部门社会信用体系建设负责机构要根据全市社会信用体系建设的五年规划,分解各项目标任务,在明确责任的前提下开展监督检查,进行中期评估和终期评估,自觉接受人大、政协、社会监督,持续落实全市、各区县、各部门政务诚信目标,以确保按时完成目标任务。

其三,提升信用管理机构人员的专业能力。各项信用工作的开展、信用目标的落实需要信用管理机构的专业人员保障。全市、各区县、各部门要着力提高信用管理机构专业人员的能力水平。具言之,通过开展社会信用体系建设专题培训,提高信用管理机构人员对信用评价、信用核查、信用报告、信用分级分类

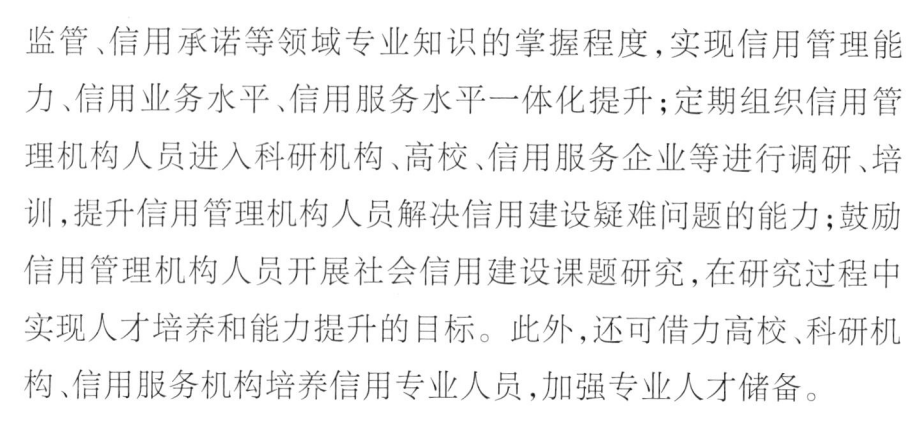

监管、信用承诺等领域专业知识的掌握程度,实现信用管理能力、信用业务水平、信用服务水平一体化提升;定期组织信用管理机构人员进入科研机构、高校、信用服务企业等进行调研、培训,提升信用管理机构人员解决信用建设疑难问题的能力;鼓励信用管理机构人员开展社会信用建设课题研究,在研究过程中实现人才培养和能力提升的目标。此外,还可借力高校、科研机构、信用服务机构培养信用专业人员,加强专业人才储备。

2.编制社会信用体系建设规划

社会信用体系建设规划对重庆市社会信用体系建设工作具有重要的引导作用,编制社会信用体系建设规划是夯实信用基础的重要举措之一。具体而言,需要做好以下两方面的工作:

其一,编制重庆市社会信用体系建设五年规划。为了提高重庆市社会信用体系建设五年规划编制的科学性和合理性,更好地推进重庆市社会信用体系建设工作,重庆市发展和改革委员会应充分开展社会信用体系建设五年规划调研工作,并与相关部门、企业、个人召开座谈会,共同探讨"信用重庆"的未来发展之路。通过调研,切实了解重庆市在开展社会信用建设工作中存在的困难和问题,听取相关单位的意见和建议,并就有关工作的开展进行探讨和研究。在此基础上,重庆市发展和改革委员会应统筹做好社会信用体系建设五年规划编制工作并向社会公开征求意见,进一步完善"信用重庆"建设的顶层设计架构,从而充分发挥信用规划的指导作用,积极落实规划内容。

其二,编制社会信用体系建设年度规划。重庆市及各区县发展和改革委员会应当编制年度社会信用体系建设工作规划。

年度规划应在贯彻国家及市政府对于信用工作的有关部署的基础上,立足本市、本地区社会信用体系建设中存在的重大问题,明确工作目标、重点任务、保障措施、工作要求、牵头主体、责任主体,进一步确保相关单位高度重视、对标对表抓好贯彻落实。

3. 构建"条例+配套"的立法体系

构建信用立法体系有利于夯实重庆市社会信用建设的软件基础。《重庆市社会信用条例》已于2021年7月1日起正式实施,条例的出台夯实了全市社会信用体系建设的法治基础,但要真正发挥实效,既需要将条例的内容落到细处实处,也需要辅以相关配套制度。因此,构建"条例+配套"的立法体系,优化社会信用体系建设的顶层设计是重庆市下一步的基本任务之一。

《重庆市社会信用条例》配套制度应围绕条例的主要内容展开,即围绕"信用环境建设、信用信息收集与披露、信用信息应用、信用主体权益保障、信用服务规范"等方面建立相关配套制度。例如,以《重庆市社会信用条例》为基本指导,初步建立包括《重庆市企业信用信息管理办法》《重庆市人民政府关于建立完善守信联合激励和失信联合惩戒制度 加快推进社会诚信建设的实施意见》《重庆市人民政府办公厅关于加快推进社会信用体系建设 构建以信用为基础的新型监管机制的实施意见》《重庆市公共信用信息服务工作规范》《重庆市公共信用信息自愿注册机制规范》《重庆市社会信用信息安全管理和应急处理规范》《重庆市信用承诺规范》《重庆市信用报告规范》《重庆市信用评价指标体系及管理办法》《重庆市信用服务机构管理办法》《重庆市联合奖惩对象名单管理办法》《重庆市社会信用服务机构和从业人员基本行为准则和业务规范》等在内的相关信用制度,以进一步增强《重庆市社会信用条例》的可操作性和实效性,推进重庆市社会信用体系建设。

专栏1 建立《重庆市社会信用条例》相关配套制度

1.围绕"信用环境建设"建立相关配套制度。

配套出台诚信宣传教育工作方案、信用业人才培养方案、信用示范创建方案、跨区域信用合作及一体化建设工作方案等一系列制度。

2.围绕"信用信息收集与披露"建立相关配套制度。

配套出台公共信用信息归集规范、公共信用服务机构工作规范、公共信用信息公开、查询规范等制度。

3.围绕"信用信息应用"建立相关配套制度。

配套出台信用承诺、信用报告、信用评价指标体系及管理办法、信用分级分类监管方案、信用奖惩措施清单等制度。

4.围绕"信用主体权益保障"建立相关配套制度。

配套出台社会信用信息安全管理和应急处理制度、异议处理管理办法、信用修复等制度。

5.围绕"信用服务规范"建立相关配套制度。

配套出台信用服务机构管理办法、社会信用服务机构和从业人员基本行为准则和业务规范等制度。

4.建立健全社会信用标准体系

社会信用标准化是支撑社会信用体系建设的基础性制度,对实现重庆市政务诚信、商务诚信、社会诚信和司法公信建设具有重要意义。对此,需要做好以下两方面的工作:

其一,积极筹建重庆市社会信用标准化技术委员会,为社会信用标准体系建设提供组织保障。以全国社会信用标准化技委员会为参照,立足于重庆市实际情况,加快筹建重庆市社会信用标准化技术委员会。委员的构成应广泛吸收社会信用体系建设相关政府部门、高等院校、研究机构、信用服务机构等专业人员,确保组成人员的专业性和代表性。同时,市社会信用标准化技术委员会应按工作章程和工作计划有序开展社会信用标准化建设工作,及时跟踪了解社会信用标准的前沿问题,为社会信用标准的体系建设提供指引。此外,还应鼓励有条件的区县、部门、行业设立信用标准化技术委员会,助力信用标准化工作的开展。

其二,积极开展社会信用标准研制活动,完善社会信用标准体系框架。各区县、各部门要高度重视涉及政务诚信、商务诚信、社会诚信和司法公信等领域的重点信用标准,率先研制一批重要标准,以更好地支撑社会信用体系建设。聚焦重庆市社会信用体系建设的重点领域,开展质量信用标准、企业信用标准、信用信息分级分类标准、信用信息共享开放等相关标准的研究讨论。深入研究国家层面、重庆市出台的社会信用体系建设相关文件,围绕当前社会信用体系建设方向,广泛开展信用标准调研工作,及时发现社会信用体系建设过程中信用标准缺失及存在不足的领域,引导本地行业协会、信用服务机构及龙头企业参与各领域相关国家标准、行业标准、地方标准、团体标准的研制。强化信用标准制定及测试认证,深化标准化资源共享,提高重庆市社会信用标准体系建设的竞争力和影响力。

(二)丰富信用应用

信用应用是重庆市推进社会信用体系建设的内动力,着力从信用承诺、信用核查、信用报告、信用评价、信用分级分类监管、信用惠民便企场景等工作入手,完善长效机制,构筑贯穿市场主体全生命周期的信用监管工作闭环,以充分发挥信用的基础性作用,进一步优化重庆市营商环境。

1. 健全信用承诺制度

信用承诺制度是构建以信用为核心的新型市场监管机制的重要内容,是推动市场主体自我约束、诚信经营的重要手段。重庆市在推进社会信用体系建设方面需健全信用承诺制度,具言之:

其一,创新信用承诺的应用类型,建设信用承诺管理系统。鼓励主动公示型、行业自律型、信用修复型等不同类型信用承诺制度的应用,鼓励市场主体在"信用中国(重庆)"网站注册资质证照、市场经营、合同履约、社会公益等信用信息,并对信息真实性公开作出信用承诺。

此外,在社会信用信息平台中建设信用承诺管理系统,将信用承诺制度嵌入经济、社会、综合类审批事项中。行政主体对诚信典型和连续三年无不良信用记录的市场主体,可根据实际情况实施"绿色通道"和"容缺受理"等便民服务措施。对符合条件的市场主体,除法律法规要求提供的材料外,部分申报材料不齐备的,如其书面承诺在规定期限内提供,应先行受理,加快办理进度。

其二,统一信用承诺的适用条件,拓宽信用承诺的实施路径。打破以特定行政区域为单位的信用承诺方式,统一信用承诺的适用条件。针对同种类的承诺事项,制定全市统一、规范的承诺内容和承诺书文本,避免出现不同区域针对同一事项规定的承诺内容不相同的现象。承诺书中应明确违背承诺的惩戒措施,确定具体的整改处罚规则,进一步提高承诺书的威慑力,充分发挥"承诺之实"。在信用承诺实施后,记录承诺主体的履约情况并拓展信用承诺制度的运用方式,有效结合其他公共信用信息应用制度,充分发挥各制度的合力。

此外,还应加强事中事后阶段的信用承诺,协调各行业主管部门,进一步推行联合管理和联席会议。同时,进一步细化各行业的个性化信用承诺,因地制宜,提高信用承诺的适用性和科学性。

2. 全面落实信用核查机制

信用核查是通过查验市场主体和个人的信用从而了解相关主体信用状况的一种方式。全面落实信用核查机制,有利于形成一处失信、处处受限的社会效果。具体而言,需要从以下两方面着手:

其一,明确信用核查的范围。目前重庆市尚未规定信用核查事项的范围。为避免引发信用风险,重庆市应建立健全信用核查机制并明确信用核查的范围。对此,可设定约束性信用核查范围和预期性信用核查范围。具言之,强制各级各部门在约束性范围内核查相关主体信用状况以避免信用风险,如行政审批、财政资金补助、公务员人事招聘等,鼓励各级各部门在预期性范围内核查相关主体信用状况,促进信用核查的广泛应用,如食品药品安全、医疗卫生、股权投资等重点领域。信用核查在信用惠民便企场景、信用联合奖惩等领域的广泛应用均有利于提高信用治理举措的有效性,有利于重庆市社会信用体系建设。

其二,拓宽信用核查的渠道,提高信用核查的便利性和完整性。依托信用信息平台,配置信用信息收集子入口和信用信息处理子系统,在平台中设计信用核查权限验证入口和核查入口,在保障信用信息安全的前提下,进一步提高信用核查的便利性。

同时,各区县、各部门应积极开发信用核查系统,便于各级各部门在线查询和核验,实现信用核查在线查询量的逐年递增。此外,还应加强信用核查结果的整合。探索信用信息在各级各部门之间全面、及时共享的办法,整合信用核查所需结果信息,提高信用核查的完整性。

3.大力推广信用报告规范化使用

信用报告是分级分类新型监管模式实施的基础,也是市场主体获取信用信息的方式之一。重庆市推进社会信用体系建设要将推广信用报告规范化使用作为基本任务之一,具体从以下三方面着手:

首先,明确信用报告的基本范式。以评估对象为分类标准,可将信用报告分为个人信用报告、企业信用报告、政府信用报告三类。在此基础上,为避免不同征信机构、信用服务机构所提供的信用报告内容存在较大差异,质量参差不齐,可确定信用报告的统一制定标准,并提供相应的模板,从而提高信用报告的应用与推广程度。

其次,建立政府信用报告制度。由重庆市政府主导,引入与政府没有利益关系和管辖关系的征信机构,对政府在日常政务实施过程中的行为、负债和偿还情况等事项进行评估分析,全面展现其信用水平。通过这一制度,旨在提高政府威信力,督促各级政府合理使用行政权力,革除"新官不理旧账"的积弊。

最后,拓宽信用报告应用领域。重庆市相关部门应拓宽信用评价与信用报告制度的辐射领域,以政府支持的模式,在生态环境、科研、食品安全、建筑施工、房地产开发、交通、海关、税务、家政、招标投标等重点领域加大投入,引导并推进专业信用评估机构建设。政府应主动采购信用报告产品,应用于日常政务之中,并出台相应优惠措施,鼓励社会主体使用信用服务机构提供的信用报告。

4. 扩大信用评价的应用范围

信用评价是政府创新监管模式的重要工具。扩大信用评价的应用范围能够为信用分级分类监管的深入开展奠定良好的基础,是重庆市社会信用体系建设的重要环节,具体可从以下两方面着手:

一方面,加快制定信用评价实施细则,推动重点领域信用评价工作。重庆市信用评价体系建设应当贯彻"完善优化一批、启动突破一批、部署推广一批"的原则,完善已经建立的领域,对尚未实施的领域进行初步构建,明确信用评价应用的重点领域并加强重点领域信用评价建设的工作力度。

另一方面,进一步扩大信用评价的应用主体及应用场景范围。信用评价的应用主体应从企业逐步扩展到政府乃至个人,鼓励相关主体在行政审批、公共服务、公共资源交易等政务事务以及其他市场交易中,将信用评价结果作为重要参考或依据。此外,重庆市应着力构建"守信处处畅通,失信处处受限"的良性市场环境,加快信用评价在全行业、各领域的普及,突破传统信用评价的应用场景限制。

5. 深入推进信用分级分类监管

信用分级分类监管是推动重庆市社会信用体系建设的重要抓手。通过对不同企业的不同信用状况实施差别化监管措施,不仅能降低诚信经营企业的守法成本,还能同步降低政府的行政成本。因此,今后重庆市社会信用体系建设需要深入推进信用分级分类监管工作,着力做好以下几个方面的工作:

首先,制定分级分类监管相关规定,明确不同等级的监管措施。深入开展信用分级分类监管工作,需要完善其制度保障,明确和固化与信用等级相对应的监管措施。

具言之,一方面,要制定并尽快出台《重庆市信用分级分类管理办法》,以夯实制度基础,并根据不同行业、领域的需要,适时出台更为专业、细化的信用分级分类监管规则,如知识产权领域、食品安全领域、交通运输行业等。另一方面,依据信用评价结果,针对不同信用等级的主体实行差异化监管措施。针对信用评价或者是信用评级较好的企业以及有信用承诺的企业应当采取降低监管成本,实行优先办理、简化程序、减少监督检查次数等"绿色通道"的支持激励政策;同时,将存在不良信用记录的市场主体,列为监督抽查、执法检查和日常巡查的重点,实行严格监管。

其次，实施信用分级分类监管清单管理制度。一方面，通过监管清单明确各监管机构之间的职权分工，厘清监管范围和边界；另一方面，扩大信用分级分类监管事项范围，使其覆盖不同行业，在此基础上梳理信用监管事项清单、信用监管措施清单，对事项进行汇聚、管理、更新、统计等，规范监管事项的发布、运行流程，实现监管事项的动态化、标准化管理。同时将监管对象信用评价等级与行政监管活动相衔接，实现行业部门精准监督检查和执法监管。

最后，建立信用分级分类监管长效机制，定期梳理汇总各单位信用分级分类监管进展情况和取得的成效，为进一步推进信用监管的实施提供有针对性的数据信息，提高信用分级分类监管的效率。

6. 全面拓展信用惠民便企场景

重庆市社会信用体系建设只有通过培育信用产业业态、强化"信用+"服务、深化"信用+"产业，才能全面拓展应用场景，将信用红利惠及更多的社会主体，让"守信践诺"成为重庆发展的新风尚。

首先，培育信用产业业态。积极推进信用产业发展壮大，培育信用自身的产业业态，打造信用产业生态系统，有利于为重庆市社会信用体系建设发展赋能。重庆市培育信用自身的产业业态需要从以下三方面着手：

第一，畅通信用采集渠道，打造多元化信用服务体系。推进重庆市信用信息服务平台对信用服务机构依法逐步开放，允许信用服务机构根据提供信用服务的需求合理查询相关信用信息。进一步完善重庆市信用平台建设,以互联网、大数据和区块链等技术为依托,不断优化其信用数据检索、储存、整合和分析等能力,发挥好信用平台在信用服务体系中的基础性支撑作用。同时,重庆市应激励和引导社会力量进入信用服务市场,予以政策支持并适当监管,打造重庆市种类齐全、功能齐备的信用服务市场。

第二,完善信用产业链建设。大力培育信用产业,提升其实力,促进信用经济的发展是信用建设的重点。重庆市信用产业发展应以当前情况为出发点,立足于各产业实际情况,有的放矢,加强信用产业建设,进一步增强市场主体之间的信任关系,促进各种商务、贸易和金融活动,降低信用风险、减少失信损失。此外,信用信息平台是信用服务机构信息数据、信息的主要提供者,信用服务机构是信用信息平台完善的信息反馈者,因此,要强化信用服务机构与信用信息平台间的关系,实现信用服务的供需对接。

专栏2 信用产业链建设

1. 加强信用产业建设。

重庆市信用产业建设应以建设高标准、高质量信用评级为主要目标,探索信用调查、信用保险、信用保理和信用管理咨询等尚未成熟的信用产业领域,以完善相关法规政策为主要手段,以扩大产业规模为短期目的,以高质高标为最终目标,持续稳扎稳打。

2. 强化信用服务机构与信用信息平台间"相辅相成"的关系。

在信用产业建设过程中,应充分发挥信用产业各业态作用,信用平台建设以信用服务机构需求为导向,建设相关行业信用平台时积极吸收相关信用服务机构参与,并重点考虑其提供的建议,充分发挥市场机制的作用,实现信用服务的供需对接。

第三,扩大信用应用范围。充分发挥政府的引导作用,支持并鼓励各级地方政府、企业和个人积极使用信用产品和服务,扩大信用产品和服务需求。探索与生活、娱乐、教育等社会行为挂钩的信用应用,深化公共服务与信用应用之间的连接,重点关注企业及个人征信向移动端转移。平台购物、直播带货等新兴消费方式不仅改变了人们的消费习惯,也使得移动端亟须扩大征信产品和服务范围,例如租车、求职等领域都对信用产品和服务产生了巨大的需求。因此,要重点推进以大数据、区块链等新兴技术为核心的移动端征信服务机构建设,提升信用服务机构的数据采集、分析和处理能力,丰富信用服务和产品种类,将传统的信用应用场景不断延伸和拓展至各类生活场景。

其次,强化"信用+"服务。以"信用+"强劲赋能,推动信用与不同服务的深度融合,需要从以下几个方面着手:

第一,强化"信用+"民生服务。各区县、市级有关单位应积极探索推动信用与医疗健康、养老服务、家政、食品、劳动用工、旅游、交通出行、酒店入住、图书借阅等民生领域的协同,对民生服务领域中信用优秀、红名单服务对象提供多项便利化激励措施,为守信者提供良好的信用服务。同时优化民生服务供给,创新服务模式和产品,推出扫码乘车信用付、免押办理图书馆电子借阅证、就医"最多付一次"等多方面的优惠便利,通过信用打造不同主体之间的新型关系,增进群众福祉,助推城市社会信用体系建设。

第二,强化"信用+"金融服务。重庆市要以"金融+数据+信用+科技"为支撑,持续推进信用金融服务和产品创新,创新基于信用的普惠金融服务,进一步增强金融服务实体经济的能力。一方面,深入推进"信易贷"落地,扩大适用范围,有关部门应高度重视"信易贷"的推广工作,通过多渠道、多方式开展全方位宣传,帮助企业入驻、发布融资需求,指导企业开展融资活动;另一方面,积极发挥行业主管部门优势作用,拓宽渠道,将"信易贷"工作嵌入到行政管理的各个领域环节,并出台专项政策支持"信易贷"金融服务。此外,重庆市应持续推进"银税互动"、科技型企业知识价值信用贷款、中小企业商业价值信用贷款、"渝快融"、"信易融"等信用金融服务和产品创新。

第三,深化"信用+"产业升级。信用与不同产业的深度融合能够加快产业迭代升级、充分释放信用的价值,对此,需要做好以下两个方面工作:

一方面强化"信用+"文旅产业。文旅行业信用体系建设有利于推动旅游市场治理体系和治理能力现代化,因此,重庆市应强化"信用+"文旅产业,做好以下几个方面的工作:首先,统筹抓好制度设计,推动形成重庆市文旅行业信用制度体系,以此作为"信用+文旅"工作有序高效开展的基础;其次,打造并持续优化全市信用文旅平台。重庆市文化和旅游行业信用信息平台应依法采集并整合各部门公开的信息,并按一定周期进行更新,以"双公示、信用档案、双随机抽查、旅游投诉、行业诚信建设、信用修复、异议申诉"等不同栏目形式进行呈现,建立包括旅行社、等级景区、星级酒店、导游等主体在内的信用档案;最后,丰富"信用+文旅"场景及模式。旅游行业既要覆盖酒店服务、景区游览、餐饮场所等不同场景,也要创新"分期旅游""先旅游、后付费"等旅游消费模式,着力打造"信用免押金城市"的战略部署,让所有在渝游客都能够凭借良好的信用记录享受优质的旅游产品和服务,丰富游客的出行体验。文化行业要加快信用与文化创意的融合,着力打造信用文创产品、信用体验街区、信用教育示范基地等,增强公众的信用"体验感"。

另一方面强化信用与企业生产、经营的融合。强化信用与企业生产的融合,要建立健全重要产品的信用追溯机制,提升产品品质。通过建立重要产品的信用溯源系统,明确追溯体系建设中的重要产品,实现追溯信息录入、展示、共享功能,进而实现对食品、药品等重点敏感产品全过程信息可追溯、追溯信息可视化,创新智慧监管方式。还需要强化信用与企业经营的融合,帮助企业完善客户资信管理、信用档案管理、合同管理、商账管理、授信管理等,指导企业加强信用管理组织机构建设,提升企业管理水平。通过"信用中国(重庆)"网站宣传企业信用管理知识,推广企业信用管理的先进经验和创新做法,推动企业加大进行信用管理的力度。

(三)发展信用平台

信用信息平台是重庆市推进社会信用体系建设的重要支撑。对此,需要从公共信用信息平台建设、行业信用信息平台建设、市场信用信息平台建设等方面展开。

1.推进公共信用信息平台建设

公共信用信息平台建设是重庆市推进社会信用体系建设的

重要硬件基础。大数据时代的到来为公共信用信息平台提档升级、提高信息处理分析和增值应用能力提供了新途径。全市公共信用信息平台建设既要着力于公共信用信息数据库的完善，也要注重公共信用信息平台及网站的一体化建设，二者相互作用、共同促进。具体而言，从以下两方面着手：

其一，逐步完善公共信用信息数据库，实现依法依规全量归集和分类存储。公共信用信息数据库的建设是平台建设的基础和来源，实现数据库的增量和提高数据库的质量对于社会信用体系建设尤为重要。

一方面，明确归集信息的范围，并在此基础上适当扩充。数据库所收集的信息类型必须严格遵照《公共信用信息目录》所明确罗列的信息类型，涉及个人隐私、商业秘密和国家机密等内容的信息应严格保密并予以删除。同时，充分应用大数据、人工智能技术，扩大数据归集的范围，开展新型领域的数据采集，拓宽数据的来源渠道，丰富数据种类。

另一方面，建立信用信息数据库和主题数据库，对所归集的公共信用信息分类存储。信用信息数据库按照主体进行划分，分为个人信用信息数据库、企业信用信息数据库和其他社会组织信用信息数据库。在信用主体数据库的基础上，通过对海量的司法信息、行政执法信息、公共事业信息、信用评价信息和其他信息的交叉验证，识别并刻画各类信用主体的信用状况，从而实现信用主体和信用信息的全覆盖归集。主题数据库则根据重庆市所构建的信用应用服务机制，按照实际情况进行增加和减少，主要包括双公示库、红黑名单数据库、联合奖惩数据库、信用修复库、信用评价库等专项库,政府采购、招标投标、生态环境、交通运输、城市建设等行业库,以及以区县为边界的区域库。

其二,大力推进公共信用信息平台建设,推动平台及网站一体化建设。公共信用信息共享平台建设有助于发挥其在重庆市社会信用体系建设中信息支撑和技术基础作用。

一方面,大力推动公共信用信息平台建设。对照相关标准规范,并结合重庆市实际情况,逐步完善、改造和升级信用信息共享平台,实现与全国信用信息共享平台保持一致。此外,依托区块链技术完善市公共信用信息平台,运用云安全、安全态势感知、数据全生命周期管理等先进理念和技术,确保信息平台运营安全。

另一方面,积极推动市、区县信用信息平台及网站一体化建设。将区县信用网站统一归口至"信用中国(重庆)"网站,实现信用网站和信用数据库的一体化建设,实现信用应用系统一体化建设、信用数据的充分共享,从而为政府部门和社会公众提供更好的信用信息服务。此外,还要实现"双公示"、红黑名单公示信息完全统一,针对"双公示"信息,全市应采用统一标准予以采集、保存、共享、公示及应用。

2.推进行业信用信息平台建设

推进行业信用信息平台建设需多手段并用、多措并举,才能真正发挥信用的基础性作用。具体从以下两方面展开:

其一,大力推进行业信用信息归集共享。建设高质量的行业信用信息平台需要以行业信用信息为支撑。

一方面,确保行业信用信息归集的数量和质量。各行业应制定本行业信用信息归集工作方案,并按照相关要求逐步开展工作。通过归集本部门、本行业在履行职责过程中掌握的自然人、法人及相关组织的基础信息,监督检查、执法监管和投诉举报等信用信息,逐步完善本行业信用信息数据库,实现信用信息全面归集、动态更新。同时,可建立联络员制度,以保证信用信息归集工作的有效衔接;适时对各行业各地区信用信息归集工作的开展情况进行公示,以提升行业信用信息归集的质量。

另一方面,各行业、各部门间要加强信用信息共享,推动不同行业数据相融合。既要实现行业信用信息的共享,加强信息之间的整合,逐步形成覆盖全行业的信用信息共享体系,也要实现行业信用信息平台与全国信用信息共享平台的有效对接,实现平台信用信息的适时查询、批量导入。此外,加强行业信用信息共享还需做好相关技术支撑工作。行业信用信息平台要充分发挥智能化中枢作用,为不同主体之间的信息共享提供共享接口、信息标准转换等技术支撑,为实现信用信息的互联互通、交换共享保驾护航。

其二,强化行业信用信息平台的技术支撑,完善重点行业信用信息平台建设。技术和重点领域是推进行业信用信息平台建设、促进行业高质量发展的主要着力点。对此,相关工作应围绕下述三方面开展:

首先,保障各行业信息信用平台的稳定运行。既要围绕信用信息收集、信用监管等业务环节,不断完善行业信用信息平台和网站的功能,也要加强各行业信用信息平台运行管理,规范业务办理流程,做好各行业信息信用平台的迭代升级和高效管理,从而为重庆社会信用体系建设提供强有力的技术支撑。

其次,充分利用新技术、新手段,加强各行业信用信息平台的建设,促进行业信用的发展。各行业应探索运用区块链、大数据、人工智能、物联网等技术手段,加强对行业信用信息的归集共享和分析应用。在强化技术支撑的同时,也要利用技术手段强化网络和信息安全保护,保障行业信用信息平台安全运行。

最后,突出重点行业的信用信息平台建设。重点行业与人民群众、城市发展密切相关,应作为重点建设对象。重点围绕生态环境、工程建设、交通运输、电子商务、税务、金融、食品药品、医疗卫生、文化旅游、住房保障、养老托育、家政服务等行业和领域,大力推进信用信息平台建设。

3.引导市场信用信息平台建设

鼓励、引导市场信用服务机构、社会组织、相关企事业单位等市场信用信息提供单位,依法记录自身业务活动中产生的信用信息。鼓励、引导相关主体建立市场信用信息平台,规范信用信息来源、强化多来源多层次信用信息的应用,推动信用信息共享,保障信用信息安全,支持信用信息平台市场化运作、推进市场信用信息平台建设。出台相关激励措施进一步推动市场信用信息平台建设。

推动公共信用信息平台、行业信用信息平台、市场信用信息平台相互联通、融合应用。加强市场信用信息和公共信用信息的整合应用,从而在市场交易、客户管理、风险防控、行业自律等方面多方面为社会公众提供更加丰富、全面的信用信息,强化重庆市社会信用体系信息化平台支撑。

(四)优化信用治理

信用治理是重庆市推进社会信用体系建设的推动力,强化信用治理工作应从诚信宣传教育、信用联合奖惩、信用修复、重点领域失信问题治理、诚信品牌建设等五个维度展开。

1.持续开展诚信宣传教育工作

优化信用治理离不开诚信宣传教育工作的开展,持续开展诚信宣传教育工作有利于营造良好的诚信氛围,具体而言,可从以下几方面着手:

其一,深入开展《重庆市社会信用条例》的学习宣传工作。条例包括8章57条,对重庆市社会信用体系建设工作作出全面规范。各部门、各单位要将学习条例、宣传条例、贯彻落实条例作为一项长期坚持的工作重点,充实宣传内容,丰富宣传形式,确保条例落地落实。在宣传内容方面,既要详细解读条例的各方面内容,普及信用相关立法知识,提高社会公众信用意识,也要结合实际情况,提高各主体准确理解和正确执行条例各项规定的能力。

其二,大力宣传信用案例和典范。树立信用典范、推广信用案例是开展诚信宣传的重要方式。

一方面,通过推荐、评选等多种方式,树立重庆市各领域的信用典范,旨在通过树立社会信用典范,弘扬诚实守信精神,使社会成员学有榜样、赶有目标,形成人人学典范、人人讲诚信的社会氛围。同时,取消诚信模范终身制,推行诚信模范任期制,促进其他社会成员诚实守信,争做诚信模范,激励在任的诚信模范为了保持其荣誉,继续积极信守承诺,遵守诺言。

另一方面,通过线上线下相结合的形式,以人民群众喜闻乐见的方式推广信用案例。在社会各领域广泛开展信用案例宣传活动,大力宣传诚信典范的相关事迹、案例,推动全市形成"讲诚信"的氛围,把诚信文化建设落实到行业、企业、社区、单位和家庭。

其三,拓宽诚信宣传教育的场域。在政府机关、学校、企业、社区、农村等多场景下宣传诚信知识、弘扬诚信精神、开展诚信教育,重点关注对公务人员、企业、医务人员、律师等重点领域从业人员的诚信教育,特别是关注其在工作领域中的诚实守信问题,贯彻落实守信激励、失信惩戒、信用红黑名单等信用管理制度。通过教育宣传,引导多主体知信、守信、用信,争做诚信的实践者和传播者,形成"诚实守信、团结互助、健康向上"的道德风尚,为创建文明城市营造良好的诚信环境。

其四,构建诚信教育常态化机制。建立长期稳定的诚信教育机制,有利于进一步培育和践行社会主义核心价值观。重庆市应构建诚信教育长效机制,充分发挥制度应有的行为指引与行为调整功能,通过奖励和惩罚双管齐下的方式,进一步普及、落实诚信教育。

具言之,一方面,要加强重庆市高校的信用学科建设。支持重庆市高等院校新增信用相关专业的课程,选取部分高校作为试验点设置信用管理研究方向,鼓励高校从事信用方面的学术研究,通过课程学习培养一批具有良好道德品质和高度责任心的信用建设人才。另一方面,要加强信用管理职业集中培训。

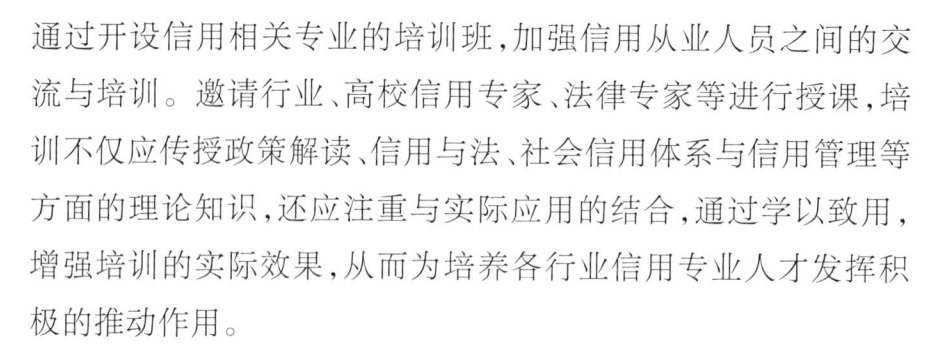

通过开设信用相关专业的培训班,加强信用从业人员之间的交流与培训。邀请行业、高校信用专家、法律专家等进行授课,培训不仅应传授政策解读、信用与法、社会信用体系与信用管理等方面的理论知识,还应注重与实际应用的结合,通过学以致用,增强培训的实际效果,从而为培养各行业信用专业人才发挥积极的推动作用。

2.科学运用信用联合奖惩机制

失信惩戒与守信激励机制是社会信用体系建设的核心机制。重庆市推动社会信用体系建设要科学运用联合奖惩机制,构建全社会信用奖惩联动格局,丰富联合奖惩措施,以全面提升重庆市社会信用水平。具体而言:

其一,重视市场联合奖惩、行业联合奖惩及跨区域联合奖惩,推动信用奖惩联动格局的建立。在市场联合奖惩方面,鼓励市场主体在经济活动中,广泛使用信用信息和信用产品,对诚实守信的交易对象采取优惠便利、增加交易机会等奖励措施,对信用不良的交易对象采取降低优惠、提高保证金、取消交易等约束措施。

在行业联合奖惩方面,鼓励行业协会加强信用管理,进行会员信用等级评价,对诚实守信的会员采取重点推荐、提升会员级别等激励措施,对信用不良的会员采取业内警告、通报批评、降低级别、取消资格等惩戒措施。

在跨区域联合奖惩方面,其他城市、区域相关部门应当积极配合国家以及重庆市有关部门做好信用信息的互联互通和共享工作,推动重庆市与其他城市、区域的信用信息共享和信用评价结果互认,为跨区域联合奖惩的开展打通道路。此外,还要强强联手,加强协同执行,实现异地执行的同城效应,让失信被执行人无路可逃。

其二,丰富信用联合奖惩措施。在信用联合激励措施方面,既要丰富激励内容,也要丰富激励活动的形式。通过加强宣传推广、给予重点支持和优先便利、降低检查频次等方式进一步提高激励内容的多样化程度,行政机关和行业协会还可通过举办各种守信激励宣传推广活动,不断强化诚实守信的社会导向。

在信用联合惩戒措施方面,要继续发挥行政性、司法性等惩戒措施的作用,更要进一步加强对市场性惩戒与社会性惩戒措施的运用。在市场性惩戒方面,有关部门应当制定信用基准的评价指标体系和评价方法,完善失信信用记录和披露制度,使市场失信者在交易活动中受到限制和惩戒。在社会性惩戒方面,政府可通过出台相关政策,支持鼓励各行业协会完善行业信用体系,自主建立行业信用信息平台。行业协会也要积极配合有关部门开展失信联合惩戒工作,如对行业内失信企业的相关失信行为进行业内通报,敦促失信企业加以整改等。此外,通过完善社会舆论监督机制,提高对失信行为的披露、曝光程度,通过道德谴责倒逼社会主体诚实守信。

3.加大信用修复工作的开展力度

信用修复工作的开展主要集中于信用信息异议和信用行为修复两个方面。具体而言,加大信用修复工作的开展力度需要从下述两个方面展开:

其一,建立健全信用信息异议投诉处理机制。信用主体认化营商环境的重要举措。重庆市应从下述三方面着力,坚持依法诚信施政、践守承诺勇于作为、公开公平执法,增强决策透明度,提升政府公信力,发挥政府的表率导向和示范引领作用。

第一,明确政务诚信标准。应以行政法为依托,以政府行政行为为基准,通过列举典型不诚信行为加兜底的方式界定政务诚信标准既有利于规范典型的不诚信行为,也可以将未来可能发生的不诚信行为纳入规制范围,进而化解当前存在的懒政、怠政、朝令夕改、行政承诺无法兑现、滥用行政权力、公共服务职能缺失、权力寻租等一系列难题。

第二,完善政务诚信的管理机制。完善并落实政务领域失信记录、守信激励、失信惩戒、信用权益保护和信用修复机制,加强政府内部公务人员的诚信教育和培训。对于政务失信行为,要严格规定记录在案,依法公开并归集到地方和全国信用信息共享平台,根据诚信或失信程度和奖惩标准进行适当的奖励或惩戒。

第三,加强政务诚信监督。完善政府内部的上下级监督机制,制定综合评估标准,将评估结果纳入绩效考核;加强舆论及个人、第三方评估机构等社会组织对政府行为的监督,通过同级建议、向上级政府举报、给政府信用打分等方式强化社会公众和组织对政府失信行为的制约。

其次,推进商务诚信建设。商务诚信建设是重庆市社会信用体系建设的重要组成部分,对扩大消费、促进经济平稳增长具有十分重要的意义。重庆市持续推进商务诚信建设需要从两个方面入手:

一方面,加大信用信息的归集力度和公示力度。加强与行业协会、市场化信用评价机构和第三方专业评价机构对接协调,探索信用信息采集归集方式,努力实现企业信用信息应归尽归,逐步完善企业信用公示清单。

另一方面,落实信用应用和监管。将守信激励和失信惩戒制度应用到商务领域,充分发挥信用对企业行为的约束和激励作用。将信用纳入行政管理和服务全过程,作为行政许可、市场准入、资质审核、事中事后监管等行政管理事项的必要条件和重要参考依据。同时,充分利用企业信用评价,准许信用评价较高的企业在市场准入前进行信用承诺,并签订信用承诺书。

再次,强化社会诚信建设。强化社会诚信建设的受益者将是全体社会人。提高全社会诚信意识和信用水平,实现全社会人人守信用、事事讲诚信,必须持续强化社会诚信建设,真正让信用成为重庆市发展的底色。

一是以重点领域为基点,逐步扩大社会信用建设领域。进一步提高医疗卫生、社会保障、劳动用工、科研教育、环境保护和知识产权、互联网等领域在重庆市社会信用体系建设中的地位,特别是互联网应用和服务领域,着重强化互联网领域诚信建设,防止网络诈骗。并逐步拓展社会诚信应用场景,实现社会的诚信治理。

二是强化个人诚信和社会组织诚信建设。一方面应全面强化其遵纪守法、诚实守信意识,记录自然人和社会组织信用信息,逐步实现信用记录全覆盖、可查询;另一方面,加强重点人群职业信用建设,对医务人员、律师、新闻从业者及信用评估机构等要进一步加大其信用的公示公开力度,信用水平透明化,并逐步推行职业信用报告。

三是落实信用奖惩制度在社会诚信建设中的重要作用。社会信用记录不是"纸老虎",要落实守信激励、失信惩戒、红黑名单、信用修复等制度措施,使守信的人处处便利,失信的人处处受阻,激励市民在社会中守信。

最后,加强司法公信建设。维护司法公正,加强司法公信建设,让公平正义落地生根是重庆市社会信用体系建设的重要任务。对此,必须高度重视重庆市司法公信建设。一方面,进一步扩大审务、检务公开程度,推行"阳光办案"。推进强制执行案件信息公开,提升生效法律文书的效力;强化检察机关的法律监督职能,同时广泛听取群众意见,最大限度地保障人民群众的知情权、表达权,充分调动人民群众参与、监督检察工作。另一方面,扩大信用监管的范围。将所有诉讼参与人纳入到信用监管的范围,以此防止错案冤案的发生。同时,进一步扩大失信被执行人的惩戒范围,提高对失信者的惩戒力度,在此基础上扩大失信联合惩戒的范围和比例。法院可以曝光失信被执行人的相关信息,对与其生活密切相关的事项加以限制,如高消费、金融机构贷款等事项,通过这些措施实现对失信被执行人的信用监管。

5.全力打造诚信品牌

全力打造诚信品牌,有利于营造良好的诚信文化氛围,助力信用重庆建设。具体而言,可从以下几方面着手:

其一,推进建设信用示范城市。根据重庆市开展信用城市等示范创建活动的要求,做好重庆市社会信用体系建设试点示范创建工作,积极创建国家级信用建设示范城市,探索社会信用体系建设和管理的模式,率先在信用信息整合共享、奖惩联动机制建立及信用产品的创新应用等方面取得突破。同时鼓励区县结合自身实际,创新社会信用体系建设模式。

其二,开展诚信示范单位创建和评定工作。广泛开展"诚信企业""诚信乡村""诚信社区""诚信学校""诚信机关"等诚信示范单位/地区创建和评定工作,挖掘本行业、本地区中的诚信人物、诚信集体、诚信案例,提升全社会诚信建设水平。积极引导各类社会主体面向社会开展诚信承诺,研究制定诚信示范单位入选条件和政策激励措施,充分调动参与主体的主动性和积极性。

六、重庆市社会信用体系建设的监测体系

为实现重庆市社会信用体系建设目标,高效完成社会信用体系建设任务,有必要构建重庆市社会信用体系监测机制和监测评估方案,以对重庆市信用体系建设目标和任务的完成情况进行全面监督与评价。

(一)构建监测机制

监测指标的完成有赖于监测机制的建立与完善,为更好地

对各区县、各部门信用体系建设实现全方位、适时性、精确化的监测,有必要构建社会信用体系建设监测机制。监测机制的构建可从以下几方面着手:

第一,制定建设考核方案,保证精细化信用考核。重庆市需出台社会信用体系建设评分指标,以便实现对社会信用体系建设重点任务和重大工程精细化考核,并实现对各区县和各部门社会信用体系建设情况适时监测和定期评估。

第二,设立独立监测机构,实行专业化信用监管。为高效完成社会信用体系建设,需设立专门机构、专职人员从事信用工作,负责对信用建设状况问题进行专门监测;同时应加强组织领导,强化责任落实,派专人负责信用状况问题严重的领域的检查督办,保证监测工作开展顺畅。

第三,扩展信用监测范围,实行全方位信用监测。重庆市需建设"城市信用状况监测平台",依托大数据技术对各区县开展信用监测评价。通过持续扩展监测范围,实现对26个区、8个县和4个自治县的全方位、不间断监测。

第四,发布月度监测排名,跟踪信用建设情况。为提升重庆市信用建设水平,重庆市通过发布区县月度监测排名,加快城市信用体系建设步伐。持续跟踪研究各区县社会信用体系建设的最新进展及重点工作,从经济规模、人口规模、经济发展水平等维度,每月对重庆市各区县进行信用排名,并通过"信用中国(重庆)"网站向社会发布。

第五,撰写信用监测报告,提示信用建设短板。为提示政府关注信用建设中的薄弱环节、问题领域以及与其他城市的差距,

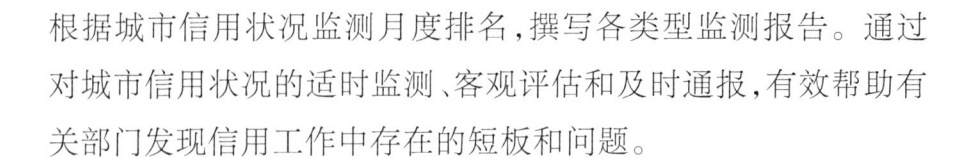

根据城市信用状况监测月度排名,撰写各类型监测报告。通过对城市信用状况的适时监测、客观评估和及时通报,有效帮助有关部门发现信用工作中存在的短板和问题。

(二)确立监测评估方案

为保证信用建设监测精确化,通过制定具体评估方案来对各区县和各部门信用建设情况进行定期考核,监测评估方案主要包括确立监测指标、监测方法和评分表等内容,对评估方案需要定期更新和完善,以便对重庆市信用体系建设情况进行更精确的评估。

1. 确立信用建设监测的主要指标

根据重庆市社会信用建设实情,在借鉴其他地方的经验,调研社会信用专家的基础上,课题组瞄准重庆社会信用体系建设的总目标和分项目标,将重庆市社会信用体系监测指标设定为以下几个方面。

(1)信用机制方面的指标

健全的社会信用机制能激发市场主体主观能动性,加快重庆现代化经济体系建设,完善和创新宏观经济调控。重庆市政府需根据信用建设的实际情况,监测阶段性制度完成情况,保障社会信用机制供给。

具体而言,信用机制分为管理机构和信用制度两方面。管理机构方面,需要对机构设置、机构职责及机构人员进行监测,即了解管理机构的明确、管理机构的职责以及管理机构的人员配置等情况。信用制度包括信用规划、信用标准和信用立法等方面。信用规划方面,需要对年度信用规划和五年信用规划的完成情况进行监测;信用标准方面,需要对信用标准制定的完成度进行监测;信用立法方面,需要对相关信用立法的完成度、全面性进行监测(相应的法规文件是否制定、相关制度的配套文件是否齐全等),从而保证制度供给的质量和数量,避免出现制度缺失或制度的"重复建设",以满足重庆市社会信用体系建设的需要。

(2)信用平台方面的指标

信用平台是社会信用应用和信用服务市场的基础,夯实基础方可保证社会信用体系建设畅通无阻,保证社会信用体系能够平稳运行与快速发展。具体而言,信用平台分为公共信用信息平台、行业信用信息平台和市场信用信息平台三类。

公共信用信息平台方面,需监测公共信用信息和公共信用信息平台建设情况。首先,公共信用信息方面,需要对公共信用信息的数量、及时性和准确性进行监测。具体如下:①数量方面,主要考察上报的公共信用信息数量是否与全市平均上报量、部门任务相适应;②及时性方面,主要考察是否按规定周期报送公共信用信息;③准确性方面,主要考察信用信息收集的合格率(合格率=公共信用信息推送合格数量/公共信用信息推送数量)以及统一社会信用代码重错码率。其次,公共信用信息平台建设方面,需要监测平台功能完善情况。

行业信用信息平台方面,需要监测其平台建成情况和完善情况,即是否建立行业信用信息平台及其互联互通情况。

市场信用信息平台方面,需要对出台的旨在促进市场信用信息平台建设的文件的数量和质量进行监测。

（3）信用应用方面的指标

进一步完善重庆社会信用应用应当是今后社会信用体系建设的核心，是推进重庆市社会信用体系高速发展的内生动力。为推动社会信用建设，丰富信用应用场景，需对信用应用建设情况进行监测。具体而言，分为信用承诺、信用核查、信用报告、信用评价、信用分级分类监管、信用惠民便企场景六个方面的指标。

信用承诺方面，主要考察审批替代型、证明事项型、信用修复型、行业自律型、主动公示型信用承诺的事项覆盖率或覆盖数量；信用核查方面，主要考察信用核查事项的覆盖率及核查次数；信用评价方面，主要考察信用评价在政府监管或服务方面事项的覆盖数量；信用分级分类监管方面，主要考察信用分级分类监管的行业覆盖数量；信用惠民便企场景方面，则主要考察信用惠民便企的场景数量，其中尚需进一步考察"信易贷"的规模。

（4）信用治理方面的指标

信用治理可谓社会信用体系建设的重要推动力。良好的信用治理能够推动信用主体遵守规定，履行约定，促进信用市场健康持续发展，确保社会信用体系顺利运行。为提升重庆市信用治理水平，需对诚信宣传教育、信用联合奖惩、信用修复、诚信品牌建设、政府失信问题治理、企业与个人失信问题治理等工作进行监测。

具体而言，在诚信宣传教育方面，主要考察开展诚信宣传教育活动的数量；在信用联合奖惩方面，主要考量信用联合奖惩的嵌入率与查询量;在信用修复方面,主要考察信用修复及时率,即及时完成信用修复的数量与接收申请信用修复的数量占比;在诚信品牌建设方面,需考察获评国家级信用示范区、市级信用示范乡镇、市级信用示范企业以及市级信用示范个人的数量;在政府失信问题治理方面,需考察失信被执行人涉政府机构数量情况;在企业与个人失信问题治理方面,需考量企业与个人作为失信主体退出失信被执行人名单的比例。

2. 确立信用建设监测方法

重庆市社会信用体系建设的监测评估工作需遵循"科学严谨、客观公正、注重实绩、奖优罚劣"的原则;评估工作由重庆市社会信用体系建设领导小组办公室组织实施;评估分值实行百分制,设置基本项100分,包括4个大项。基本项考核按照每一小项得分制进行考核计分,满分为100分。各区县和各部门需制定自身的年度指标和五年度指标,并报重庆市社会信用体系建设领导小组办公室审核通过,然后由办公室逐年按照指标,采取听取汇报、查阅资料、实地查看等方式,对各区县和各部门进行量化评分,满分100分,需在每年2月底前完成上年度的评估工作。评估结果分为优秀、良好、合格、不合格四个等级。评估得分90—100分为优秀,80—89分为良好,60—79分为合格,60分以下为不合格。

另设加扣分项,各10分。存在获评国家级信用示范区、市级信用示范乡镇、市级信用示范企业、市级信用示范个人的情况,每个加0.5分,每种以2分为上限;采取鼓励措施促进市场信用信息平台发展的,酌情进行加分,最高加2分。工作创新情况被国家、省级有关领导签批或被国家、省级有关媒体推广的,酌情进行加分。信用管理年度重点工作大幅度超额完成下达目标任务情况的,每项加2分,最高得6分。存在失信被执行人涉政府机构的,每个扣2分,最多扣4分;未完成信用管理年度重点工作且严重影响全市成绩的,每项扣2分,最多扣6分。

重庆市社会信用体系建设领导小组办公室负责评估结果发布,对先进部门给予通报表扬,对落后部门给予通报批评。评估结果纳入全市高质量发展综合绩效考核指标体系和各级文明单位考核指标体系。

3.制定信用建设监测评分表

通过借鉴其他地方的经验以及考虑到重庆市各区县和各部门监测指标的侧重点有所不同,针对重庆市各区县和各部门,分别制定社会信用体系建设量化评分表,以方便重庆市社会信用建设主管部门量化评估各单位、各行业的社会信用建设工作,提高社会信用建设监测工作的可操作性。需要注意的是,本报告制定的评分表主要是对2022年重庆市各区县和市直部门监测指标的完成情况进行评价,其并非亘古不变的,应根据重庆市各区县和市直部门信用建设的实际情况及时更新。

(1)重庆市区县信用建设监测评分表

评估分值实行百分制,共设置4个大项,23个小项,满分为100分。其中,信用机制(30分)、信用平台(20分)、信用应用(33分)、信用治理(17分)。此外,另设加扣分项,加分项为:市场信用信息平台(2分),品牌建设(8分);扣分项为:失信问题治理(4分),年度任务完成情况(6分)。

分值是基于各指标对重庆市建成信用示范城市的重要程度，在参考其他省市的做法且听取重庆市信用管理部门的意见基础上确定的。以信用机制为例，信用机制包括管理机构和信用制度，其在重庆建设信用示范城市的过程中发挥统领作用，需对其进行重点评估，大多数省市也重视该指标，因此给予的分值较高。具体见表2。

表2　重庆市社会信用体系建设评分表（区县）

一级指标	二级指标	三级指标	分值	评分标准
信用机制（30分）	管理机构	机构设置	5	明确管理机构和领导职责的得5分，未明确的不得分。
		机构职责	5	明确划分管理机构职责得5分，未明确划分的不得分。
		机构人员	5	人员配置满足基本要求（数量、条件）的得5分，不充足的不得分。
	信用制度	信用规划	5	按规定制定《社会信用体系建设规划》的得5分，未制定的不得分。
		信用立法	5	依据国家、市社会信用体系顶层设计文件，出台地方政策数量最多的得5分，其他情况按比例赋分。
		信用标准	5	依据国家、市社会信用标准，发布信用标准数量最多的得5分，其他情况按比例赋分。
信用平台（20分）	公共信用信息平台	公共信用信息	8	①按照市公共信用信息平台数据标准和规范要求，推送的公共信用信息（含"双公示"等行政行为信息）数据总量与当地在营企业数量占比最高的得2分，其他情况按比例赋分。

续表

一级指标	二级指标	三级指标	分值	评分标准
信用平台（20分）	公共信用信息平台	公共信用信息	8	②公共信用信息（不含"双公示"行政行为信息）合格率=公共信用信息推送合格数据数量/公共信用信息推送数量，合格率最高的得2分，其他情况按比例赋分，不达标的不得分。 ③按规定周期报送公共信用信息（不含"双公示"行政行为信息）数量最高的得2分，其他按比例赋分，不达标的不得分。 ④统一社会信用代码重错码率符合要求的得2分，未达到的不得分。
		平台建设情况	6	①功能优化：对照国家或市级公共信用信息平台，每完善、实现一个功能得1分，最高得2分。未按要求及时调整功能标准的，每个扣1分。 ②安全管理：应用有效安全措施（如制定安全管理制度，使用个人数据分离存储、数据加密、脱敏等技术或设备）保障平台、网站全年平稳运行的，得2分。发生信息泄露、曝露个人隐私信息等重大事故的，发生一次扣1分。 ③公共信用信息平台接入市场化平台数量最多的得2分，其他情况按比例赋分。

为有关部门和单位在社会信用信息归集、披露、异议处理和监管工作中的行为侵犯其合法权益的,有权依法申请行政复议、提起行政诉讼或者申诉。对于市场主体提出的异议,有关部门要进行核实并反馈结果。经核实有误的,要进行更正;给市场主体造成不良影响的,要积极采取措施修复不良影响。同时,还要建立侵权责任追究机制。

充分发挥行政监管、行业自律和社会监督在信用信息主体权益保护中的作用,综合运用法律、经济和行政等手段,切实保护信用信息主体权益。对于在实施分级分类监管过程中违规泄露、篡改信用信息或利用信用信息谋私等行为,要严厉打击、严格问责。

其二,建立健全信用修复制度。各行业主管部门应制定各行业的信用修复标准,明确信用修复的具体条件、措施及程序,对不同类型的失信行为应采取不同的修复方式和程序。如针对违约型、违法可修复型失信行为等不同类型的行为采取删除式修复与遗忘型修复相结合的修复方式,同时遗忘型修复应与不良信用记录的披露期建立协调和接轨机制。

4. 强化重点领域失信问题治理

强化重点领域失信问题治理能够深化重庆市社会信用体系建设。为打造优良社会信用环境,营造健康有序的市场经济秩序和营商环境,重庆市应从实际出发,以政务诚信、商务诚信、社会诚信和司法公信四个领域为重点,进一步加强诚信建设。

首先,深化政务诚信建设。政务诚信作为"第一诚信",是社会诚信之本。深化政务诚信建设,整治政府机构失信问题是优

续表

一级指标	二级指标	三级指标	分值	评分标准
信用平台（20分）	行业信用信息平台	平台建设情况	6	①平台数量：建成行业信用信息平台数量最多的得2分，其他情况按比例赋分。②按要求实现行业信用信息平台与公共信用信息平台互联互通的得2分，未与公共信用信息平台实现互联互通的行业信用信息平台，每一个扣1分。③安全管理：应用有效安全措施（如制定安全管理制度，使用个人数据分离存储、数据加密、脱敏等技术或设备）保障平台、网站全年平稳运行的，得2分。发生信息泄露、曝露个人隐私信息等重大事故的，发生一次扣1分。
信用应用（33分）	信用承诺	审批替代型、证明事项型承诺	3	证明事项和审批替代事项中开展告知承诺占比（法律法规规定不适用情形除外）最高的得3分，其他情况按比例赋分。
		信用修复型信用承诺	3	行政处罚修复案例完成修复型信用承诺占比最高的得3分，其他情况按比例赋分。
		行业自律型、主动公示型信用承诺	3	实行行业自律型、主动公示型信用承诺覆盖行业数量最多的得3分，其他情况按比例赋分。

续表

一级指标	二级指标	三级指标	分值	评分标准
信用应用（33分）	信用核查	信用核查事项覆盖率	4	开展信用核查覆盖事项数量与法律法规规定应当开展信用核查事项占比最高的得4分，其他情况按比例赋分。
	信用报告	信用报告查询量	4	信用报告查询量最高的得4分，其他情况按比例赋分。
	信用评价	公共信用综合评价覆盖率	4	公共信用综合评价覆盖率达标的得4分，不达标的不得分。
	信用分级分类监管	信用分级分类监管行业覆盖数量	4	信用分级分类监管在政府监管或服务事项应用数量最高的得4分，其他情况按比例赋分。
	信用惠民便企场景	信用惠民便企场景数量	4	信用惠民便企场景数量最多的得4分，其他情况按比例赋分。
		"信易贷"规模	4	"信易贷"规模最大的得4分，其他情况按比例赋分。
信用治理（17分）	诚信宣传教育	宣传教育活动数量	3	开展宣传教育活动数量最多的得3分，其他情况按比例赋分。
	信用联合奖惩	信用联合奖惩嵌入率	3	信用联合奖惩在政府监管或服务事项覆盖率达到要求的得3分，达不到要求的不得分。

续表

一级指标	二级指标	三级指标	分值	评分标准
信用治理（17分）	信用联合奖惩	信用联合奖惩查询量	3	信用联合奖惩查询量达到要求的得3分，达不到要求的不得分。
	信用修复	信用修复及时率	4	及时完成信用修复的数量与接收申请信用修复的数量占比达到要求的得4分，达不到要求的不得分。
	失信问题治理	企业和个人失信问题治理	4	失信惩戒对象名单占市场主体比重达到要求的得4分，达不到要求的不得分。
加分项（10分）	市场信用信息平台	市场信用信息平台数量	2	每建设一个市场信用信息平台加1分，最多加2分。
	品牌建设	国家级信用示范区	2	获评国家级信用示范区的，每个加0.5分，加2分。
		市级信用示范乡镇	2	获评市级信用示范乡镇的，每个加0.5分，最多加2分。
		市级信用示范企业	2	获评市级信用示范企业的，每个加0.5分，最多加2分。
		市级信用示范个人	2	获评市级信用示范个人的，每个加0.5分，最多加2分。

续表

一级指标	二级指标	三级指标	分值	评分标准
扣分项（10分）	失信问题治理	政府失信问题治理	4	政府机构被列为失信被执行人的，每个扣2分，最多扣4分。
	年度任务完成情况	重点任务完成情况	6	信用管理年度重点工作未完成年度目标任务情况，严重影响全市成绩的，每项扣2分，最多扣6分。

（2）重庆市市直部门信用建设监测评分表

考虑到市直部门和各区县监测指标以及评分标准的差异性，在重庆市区县信用建设监测评分表的基础上制定了市直部门的监测评分表。基本项包括信用机制（30分）、信用平台（25分）、信用应用（25分）、信用治理（20分）4个大项，19个小项，满分为100。另外，设置加扣分项，各10分。详情见表3。

表3　重庆市社会信用体系建设评分表（市直部门）

一级指标	二级指标	三级指标	分值	评分标准
信用机制（30分）	管理机构	机构设置	6	明确管理机构的得6分，未明确的不得分。
		机构职责	6	明确划分管理机构职责的得6分，未明确划分的不得分。
		机构人员	6	人员配置满足基本要求（数量、条件）的得6分，不符合要求的不得分。
	信用制度	信用立法	6	依据国家、市社会信用体系顶层设计文件，地方立法数量最多的得6分，其他情况按比例赋分。

续表

一级指标	二级指标	三级指标	分值	评分标准
信用机制（30分）	信用制度	信用标准	6	依据国家、市社会信用标准,发布信用标准数量最多的得6分,其他情况按比例赋分。
信用平台（25分）	公共信用信息平台	公共信用信息	17	①按照市公共信用信息平台数据标准和规范要求,上报数据量与全市平均上报量、部门任务相适应的得5分,其他情况不得分。②公共信用信息(不含"双公示"行政行为信息)合格率=公共信用信息推送合格数据数量/公共信用信息推送数量,合格率最高的得5分,其他情况按比例赋分,不达标的不得分。③按规定周期报送公共信用信息(不含"双公示"行政行为信息)数量最高的得5分,其他情况按比例赋分,不达标的不得分。④统一社会信用代码重错码率符合要求的得2分,未达到的不得分。
	行业信用信息平台	平台建设情况	8	①功能优化:对照国家或市级公共信用信息平台,每完善、实现一个功能的得1分,最高得3分;未按要求及时调整功能标准的,每个扣1分。②安全管理:应用有效安全措施(如制定安全管理制度、使用个人数据分离存储、数据加密、脱敏等技术或设备)保障平台、网站全年平稳运行的,得3分。发生信息泄露、曝露个人隐私信息等重大事故的,发生一次扣1分。

续表

一级指标	二级指标	三级指标	分值	评分标准
信用平台（25分）	行业信用信息平台	平台建设情况	8	③按要求实现行业信用信息平台与公共信用信息平台互联互通的得2分，未与公共信用信息平台实现互联互通的行业信用信息平台不得分。
信用应用（25分）	信用承诺	审批替代型、证明事项型承诺	3	证明事项型和审批替代型承诺占比（法律法规规定不适用情形除外）最高的得3分，其他情况按比例赋分。
		信用修复型信用承诺	3	行政处罚修复案例完成修复型信用承诺占比最高的得3分，其他情况按比例赋分。
		行业自律型和主动公示型信用承诺	3	直属部门所管理行业中行业自律性和主动公示型信用承诺的数量最多的得3分，其他情况按比例赋分。
	信用核查	信用核查事项覆盖率	4	开展信用核查事项数量与法律法规规定应当开展信用核查事项占比最高的得4分，其他情况按比例赋分。
	信用评价	公共信用综合评价覆盖率	4	公共信用综合评价在直属部门监管或服务事项覆盖率达标的得4分，不达标的不得分。
	信用分级分类监管	信用分级分类监管行业覆盖数量	4	在直属部门监管行业开展信用分级分类监管的得4分，未全面开展的不得分。

续表

一级指标	二级指标	三级指标	分值	评分标准
信用应用（25分）	信用惠民便企场景	信用惠民便企场景数量	4	信用惠民便企场景数量最多的得4分，其他情况按比例赋分。
信用治理（20分）	宣传教育	宣传教育活动数量	4	开展宣传教育活动数量最多的得4分，其他情况按比例赋分。
	信用联合奖惩	信用联合奖惩嵌入率	4	信用联合奖惩在直属部门监管或服务事项应用覆盖率达标的4分，不达标的不得分。
		信用联合奖惩查询量	4	信用联合奖惩查询量达标的得4分，不达标的不得分。
	信用修复	信用修复及时率	4	及时完成信用修复的数量与接收申请信用修复的数量占比达标的得4分，不达标的不得分。
	失信问题治理	企业及个人失信问题治理	4	直属部门所监管行业失信主体退出名单比例达标的得4分，不达标的不得分。
加分项（10分）	工作完成情况	工作创新情况	4	信用创新工作被国家、省级有关领导签批的，每件分别计2分或1分；信用创新工作被国家、省级有关媒体推广的，每件分别计2分或1分；最高得4分。
		重点任务完成情况	6	信用管理年度重点工作大幅度超额完成下达目标任务情况的，每项计2分，最高得6分。
扣分项（10分）	失信问题治理	政府失信问题治理	4	直属部门及所属事业单位被列入失信被执行人的，每个扣2分，最多扣4分。

续表

一级指标	二级指标	三级指标	分值	评分标准
扣分项（10分）	工作完成情况	重点任务完成情况	6	信用管理年度重点工作未完成年度目标任务情况，严重影响全市成绩的，每项扣2分，最多扣6分。

七、重庆市近期加强社会信用体系建设的工作建议

近期，重庆市加强社会信用体系建设工作可从下述四个方面展开。

(一)强化多元协同共治

重庆市社会信用体系建设是一项系统性、综合性的工程，涉及范围广，不仅需要加强地方政府之间的外部协同治理，还需要加强重庆市内不同部门、不同行业之间的协同治理。具体而言，应把以下三方面的工作作为抓手。

1.增强与中央的衔接协调、与其他省市的沟通交流

充分发挥地方政府的积极性，进一步增强重庆市与中央的衔接协调、与其他省市之间的沟通交流。

一方面，加强与中央层面的衔接协调。充分理解、正确把握、积极贯彻中央层面社会信用体系建设的政策方针，确保重庆

市出台的各项制度、实施的各项举措与中央层面的要求相一致。

另一方面,加强与其他省市之间的沟通交流。目前,较多省市已开展社会信用体系建设工作,并提出了本省市社会信用体系的建设方案。重庆市有必要借鉴其他省市社会信用体系建设的先进经验,并明确自身社会信用体系建设的总目标,即将重庆市建设为全国信用示范城市,成为全国社会信用体系建设发展的旗帜。在此基础上,结合重庆市社会信用体系建设现状,着力突破当前存在的主要障碍,进而制定出符合重庆实际且具有地方特色的社会信用体系建设方案。

2. 健全协同共治体制

重庆市社会信用体系建设并不是单一机构或部门所能完成的任务,需要多方主体协同共治,因而应当健全协同共治体制。为充分发挥重庆市第三方信用服务机构、行业组织及市场主体的作用,应当健全多元主体协同参与的协同共治机制及重庆市相关信用管理部门的联合工作机制。

一方面,进一步推动重庆市市场信用机制与公共信用机制建设的协同。在更好发挥政府作用的同时,充分发挥市场机制在信用资源配置中的决定性作用,合理配置社会资源,调控引导公共资源,以确保如期完成预期任务指标。

另一方面,持续完善重庆市社会信用体系建设的联席会议制度。协同整合信用体系建设中的工作力量,统筹推进重庆市社会信用体系建设。同时,联席会议各成员单位要设立专职工作部门,厘清信用职责事项,建立日常信用建设工作协同推进机制,从而更好发挥协同共治体制的效用。

(二)加强企业信用建设

人无信不立,业无信不兴。信用是市场经济体制下企业经营发展的基石,是社会主义市场经济体制规范化及国民经济稳定健康发展的重要保障。企业作为市场不可或缺的参与者,其信用建设对市场经济的重要性不言而喻。加强企业信用建设,具体可从以下三个方面着手。

1.增强信用意识,培育企业信用文化

"加强政务诚信、商务诚信、社会诚信和司法公信建设"是党的十八大提出的重要内容。为响应党的号召,重庆市各企业应进一步增强信用意识,培育信用文化。

首先,明确企业信用建设的重要性。"信用就是竞争力",企业负责人应当深刻认识到信用有效管理的缺乏带来的是竞争地位的丧失,必须担负起培育信用文化的重大责任,转变管理思维,大力加强诚信意识教育和宣传工作,让诚信意识深入每一位员工内心。其次,企业应当将信用作为制定发展战略和经营方针的指导原则,引导员工"以诚兴业、信誉至上",普及信用知识,开展信用培训,塑造信用文化,构建企业良性的信用体系。[1]最后,加强客户信用管理的力度,保护和开发重要客户资源,利用优秀的信用管理为企业赢得核心竞争力。[2]

---

[1] 王莹.企业信用体系建设现状及有效措施探讨[J].企业改革与管理,2021(04):26-27.

[2] 张绍伟.推进信用体系建设,打造重信守诺企业[J].中国电力企业管理,2019(33):48-49.

2.引导各企业建立健全内部信用管理制度

加强商务诚信建设,形成完备的企业信用体系,要求各市场主体自觉建立科学的内部信用管理制度,进而实现全社会守信的美好愿景。

建立科学的企业内部信用管理制度的核心是建立内部的信用风险管理制度,这要求各企业成立权威、专业的内部信用管理部门。在此基础上,有关部门应引导企业建立完善内部信用管理制度,如全环节信用管理机制,包括交易前、交易中及交易后三个方面,涉及前期的资信调查与评估机制、中期的债权保障机制以及后期的应收账款回收和管理机制。此外,应引导企业建立以信用销售与应收账款监控流程为主线的价值链管理制度、控制签约前风险的资信管理制度、控制签约风险的客户授信制度和控制履约风险的账款监控制度。

(三)加强党政司法机关的信用建设

在全社会信用建设道路上,党政司法机关必须充分发挥示范表率作用,不断深化政府简政放权、放管结合之要求,提高政府效能,加快政府职能转变,不断提升政府公信力,提高城市治理现代化水平。加强党政司法机关信用建设,有以下几个着力点。

1.充分利用技术工具夯实信用建设的信息化基础

加强社会信用体系建设不仅需要通过政策工具来引导、提升全社会对信用的需求,还要将信用体系建设与技术工具紧密结合,充分发挥技术赋能信用体系建设的作用。

在建立健全信用标准体系的基础上,依托大数据、云计算、区块链等技术工具优化信用信息来源与结构,拓宽信用信息收集渠道,保障信用信息安全,进一步提高信用体系建设的效率。具体而言,充分利用大数据,以 APP、网站为平台进行整合,实现跨区域、跨部门、跨行业信用信息的互联、互通、互查。此外,在信用信息归集完成以后,充分依托云计算等技术工具,对信息主体进行准确评价,通过覆盖全市的信息系统打造更新快、数据真、结果准的评价体系。

与此同时,充分利用区块链"不可伪造""全程留痕""可以追溯""公开透明""集体维护"等特征,保护信用主体的商业秘密和个人隐私,确保信用信息的使用和披露符合比例原则,将对信用主体的损害降到最低限度。

2.建立健全政府失信责任追究制度

正如社会信用体系的建设不能缺少失信惩戒制度的保障,政务诚信的建设也离不开政府失信责任追究制度的支撑。政府失信责任追究制度至少包括责任主体、责任大小、责任形式的确定三方面的内容。

首先,就责任主体而言,应当与行政法理论通说保持一致,将司法机关纳入。在行政法理论通说中,责任主体至少应当包括《中华人民共和国行政复议法》和《中华人民共和国行政诉讼法》等法律规定的能够独立承担法律责任的单位主体和作为自然人主体的公务人员。考虑到司法机关失信的情形,还应当将司法机关纳入政府失信的责任主体范围内。

其次,就责任大小而言,可考虑从失信行为的影响范围、社会舆情等维度来确定责任大小。依据失信行为的影响范围分为宏观上的危害和微观上的危害。宏观上的危害是指由于政府的失信行为,政务公信力下降,对社会诚信、商务诚信的建设都起到了负面作用,导致社会治理成本增加等后果;微观上的危害是指对一个或多个特定的相对人造成的损害。从政务失信的法律责任构成要件来看,宏观的危害后果可能难以作为直接的构成要件,但可以作为确定责任大小的重要依据。此外,政府应建立专门的舆情分析中心,用以评价失信行为所造成的影响。

最后,就责任形式来看,应包含民事责任、行政责任和刑事责任。民事责任方面,虽然目前对于行政机关侵权或违约的情形是由行政法调整还是由民法调整尚存理论争议,但针对目前突出的公共工程建设合同、招商引资合作协议等行政合同中政务失信追责难的问题,不妨持一个开放态度,以便行政相对人的受损权益得到充分的救济。行政责任方面,主要是行政处分和行政赔偿,具体可从行政机关内部和外部两条线来进行。在行政机关内部,可考虑通过监察委员会对政务失信行为进行监督和追责,《中华人民共和国监察法》第三条规定,各级监察委员会是行使国家监察职能的专责机关,其主要职责之一就是依照该法对所有行使公权力的公职人员进行监察,调查职务违法和职务犯罪,这赋予了各级监察委员会进行监督、调查和处置的权力,但具体如何操作还需进行实践探索。而在行政机关外部,主要通过行政诉讼、行政复议等方式要求行政赔偿。刑事责任方面,必须遵循罪刑法定原则,将严重政务失信行为纳入滥用职权罪、玩忽职守罪等渎职类犯罪中,以实现对严重政务失信行为的刑法规制。

3. 探索开展政务诚信第三方评估工作

政务诚信第三方评估工作的开展是推动政务诚信建设的有力抓手。当前,以陕西、青海、江苏、安徽等为代表的省份已积极探索开展政务诚信第三方评估工作,形成了一批具有创新性和推广价值的典型案例。重庆市也应积极探索和开展政务诚信第三方评估工作。

具体而言,重庆市相关部门应出台政务诚信建设第三方评价实施方案,确定评估原则、评估对象、评估指标、评估方式、评估流程、评估结果运用等内容。评价指标可考虑设置依法行政、勤政高效、政务公开、政务信用信息系统建设及应用、重点领域政务诚信建设、政务失信治理与负面舆情监测、政务诚信教育培训和宣传、创新综合评价、政务服务信用承诺、群众评价监督等指标。第三方评估机构可通过信息采集、实地调查、初步评价、初评结果反馈与复评、评价结果审核等多步骤对政务诚信进行评价并出具评价报告,同时还可把受评对象的政务诚信报告及评价得分作为诚信档案上传市公共信用信息系统,以期通过以评促改、以评促建的方式,进一步提升政务诚信建设工作水平。同时在政务诚信第三方评估工作试点可行的基础上进一步探索第三方监测评价常态化机制的建立。

4. 多措并举着力提升司法公信力

司法公信力是司法权威性的基础和保障。而司法公信的内在要求就是信用司法,其实质在于"取信于民",在于司法输出产

品的正义性得到人民群众认同,司法的权威性得到人民群众信赖。[①]司法公信建设应当从以下几方面展开:

第一,持续打击虚假诉讼。虚假诉讼严重损害他人权益和司法公信力,导致社会失信和道德滑坡,使得不诚信者获益,守法者受损。司法机关应当按照法定职责分工合作、相互配合,在履职过程中发现可能涉及虚假诉讼的,应当及时通报相关情况;应当探索建立裁判文书信息共享互通平台,运用技术手段发现虚假诉讼。

第二,大力推进司法公开。司法公开能够提升办案人员的职业能力和责任感,使得他们在司法活动中全面表现自己的能力,办案能力不强、办案效率低下的办案人员在司法公开的大环境下将面临更大压力。近年来,我国大力推进的文书上网、庭审直播等司法公开形式必须继续坚持,凡是不公开的文书必须记录在案,尤其是采用"其他不予公开的情形"为由不公开的,必须作出详细说明,并且坚决反对已公开的文书变成不公开、已直播的庭审无法回看等降低司法公开水平的情形。

第三,进一步落实司法责任制。有权必有责,权责需统一。最高人民法院"四五改革纲要"提出"健全完善权责明晰、权责统一、监督有序、配套齐全的审判权力运行机制",其中"权责统一"是近期司法改革亟须落实的基本目标之一。这就要求"还权"和"归责","还权"是指办案决定权归属于一线办案人员,"归责"则要求拥有决定权的办案人员必须承担相应责任。法院

---

① 崔永东.信用司法的理论探究与制度进路[J].政法论丛,2021(03):47-58.

系统中存在的责任与权力相分离的现象必须被纠正,以严格的审判责任制为核心,以科学的审判权力运行机制为前提、以明确的审判组织权限和审判人员职责为基础、以有效的审判管理和监督制度为保障,坚决贯彻落实司法责任制。

(四)加强信用建设人才培养及诚信意识培育

社会信用体系建设离不开优秀信用建设人才的支持。加强信用建设人才培养可从两个方面着手:一方面,大力开展信用培训,提高信用建设人才的整体素质。重庆市应当联合市信用服务机构,合力开展信用管理干部和信用服务机构专业人员的系统培训,委托高等院校举办信用管理干部和专业人员培训班,专门培训企业高管和信用管理人员,以提高当前信用建设相关人员的整体素质。另一方面,加强信用课程及专家队伍建设。重庆市应当在多个高等院校开设信用建设相关专业或课程,为信用体系建设持续输出高素质人才。同时,重庆市应通过委托高校教师进行课题研究等方式,提高信用管理、信用技术、信用标准、信用政策等方面的理论研究水平,加强信用专家队伍建设。此外,将信用建设人才培养纳入全市人才队伍建设规划,提高信用建设人员专业化水平。

社会信用体系建设也离不开全民诚信意识的培育。信用意识培育可以帮助群众将诚实守信的优良品德内化为行动的准则。具体而言:一方面,加大诚信宣传的力度。政府部门、街道应积极开展诚信主题宣传教育活动,举办诚信人物、诚信事迹表彰活动。另一方面,扩大诚信宣传的范围。学校可以定期举办信用为主题的讲座活动,从小培养学生的信用意识。通过一系列诚信教育宣传活动,能够进一步提升社会成员的诚信意识,使其自觉争做重庆市信用体系建设的建设者、倡导者和传播者,为重庆市信用体系建设贡献力量。

附件1:调研政府部门的提纲

调研目的:了解重庆市社会信用管理的现状

调研对象:重庆市发展和改革委员会等政府部门

一、公共信用信息相关问题

1.重庆市及各区县公共信用信息目录是如何编制的?哪些信息应当纳入公共信用信息目录,其考量标准是什么?

2.重庆市公共信用信息目录收集、编制等行为是否涉及多个部门?若涉及多个部门,各部门之间的职责分工是什么情况?

3.社会信用信息目录的编制,数据库、共享开放平台的构建如何与重庆市公共数据资源目录、市大数据资源中心的构建进行衔接?

4.信用信息的归集工作目前由哪些机关单位负责?若涉及多个机关,是否存在互联互通、信息共享等机制?信用信息的归集工作是否可考虑和大数据协同进行?

二、信息应用相关问题

1.除"信易贷""信易租""信易游""信易批""信易住""信易阅"等"信易+"服务外,目前还有哪些创新的信用惠民服务?未来信用应用场景可以进一步扩大与强化到哪些领域？

2.重庆市在丰富信用应用场景、推动信用在多领域应用的过程中出现了很多新业态和新模式，对于新出现的新业态和新模式，重庆市是否有相关的配套措施予以规范？

3.信用信息具体如何运用到行政审批、政府采购、招投标等活动中？

4.重庆市公共信用信息平台具体指什么？除"信用中国（重庆）"信用网站以外，是否还有其他公共信用信息平台？

5.目前重庆市信用报告的应用情况？

三、信用联合奖惩相关问题

1.失信惩戒的具体措施有哪些？效果如何？

2.违反信用承诺的惩戒制度如何运行？

3.各部门在实施联合惩戒机制的过程中，有可能损害社会主体的合法利益，这里的工作边界应如何把握？如何认定失信行为，失信行为的边界在哪？

4.失信记录建档留痕工作如何开展？失信行为的记录、建档、留痕、可查是否有期限限制？失信主体有无可以补正失信记录的措施？

5.目前重庆市已经建立的信用恢复机制运行情况如何，具体制度包括哪些？

四、信用服务市场问题

1.当前，重庆市信用服务市场发展状况如何？

（1）在哪些领域建立了信用服务市场？

（2）信用服务机构之间是否实现了互联互通？

（3）信用服务市场制度体系是否完善？

2.重庆市当前已经采取或拟采取何种具体举措，以推进信用服务市场化？信用服务机构培育状况如何？

3.当前，重庆市信用服务市场存在哪些监管措施？

五、其他

1.重庆市社会信用体系建设目前有哪些配套制度？有哪些正在建设的制度？

2.重庆市目前是否存在政府信用水平报告制度？若已经存在，如何具体应用？若不存在，是否具有建立该制度的意向？

3.重庆市社会信用体系建设是否划分了任务与措施实施的优先顺序？哪些是当下急需解决的问题，哪些属于需要长期建设的任务？

4.重庆市社会信用体系建设的最终目标是什么？在"十四五"规划期间，重点要做哪些事情？是否有具体重点任务安排？

附件2：调研企业等市场主体的提纲

调研目的：了解重庆市社会信用体系建设存在的问题

调研对象：重庆市非公有制企业信用建设促进会、重庆华龙强渝信用管理有限公司等市场主体

一、信用应用

1.当前，重庆市在信用应用场景方面情况如何？涉及哪些应用场景？存在哪些障碍？

2.信用应用场景对企业的作用如何？如"信易贷""信易租"等对企业建立、融资的作用如何？

3.信用贷款具体在哪些领域应用较多,具体的审批流程是否复杂,信用贷还有哪方面不足?例如审批时间、审批程序等。

4.您认为信用应用场景的扩大和完善应从哪些方面着手?

二、信用承诺

1.实践中,信用承诺制度在重庆市各企业中的适用情况如何?

2.部分企业不愿意作出信用承诺的担忧是什么?从企业方面而言,信用承诺制度方面存在哪些不完善的地方?

3.从企业角度来讲,《重庆市社会信用条例》出台后,期望在信用承诺方面出台哪些配套性规定?

4.信用承诺、容缺制度等对企业经营活动的促进体现在哪些方面?

三、信用奖惩

1.关于奖励制度

(1)守信激励力度如何,实践中激励效果如何?企业获得了哪些实惠?

(2)从企业角度而言,何种激励更为有效?应当从哪些方面加大激励?

2.关于惩戒制度

(1)信用惩戒机制对企业有哪些限制?限制是否过度?

(2)对目前的惩罚措施有哪些看法,例如对抽查频次、惩罚力度的看法?

3.关于信用修复制度

(1)对信用修复制度有什么看法?

(2)您认为信用纠错与修复机制的建立健全应从哪几方面着手,从而能够一定程度上保护企业的利益?

4.在实践中,守信激励和失信惩戒机制具体如何进行? 企业失信行为具体有哪些? 会牵涉到哪些具体部门?

5.信用"红黑名单"的建立和将相关企业纳入的依据是否合理? 对此有何看法?

四、信用评价

1.当前的信用评价主要应用于哪些企业(或者说主要在哪些领域中会考虑到信用评价),您认为哪些领域中信用评价存在缺失?

2.信用评价等机制在企业实际经营中是否得到自觉应用(如《重庆市人民政府关于建立完善守信激励制度和联合惩戒制度 加快推进社会诚信建设的实施意见》中提出鼓励金融机构对诚信用户创新开发金融激励产品和服务,鼓励担保机构为诚信主体开放反担保条件)? 在重庆市的各类企业中,是否正在自觉尝试,若已在尝试,如何评定诚信用户,您觉得这种评定是否合理?

五、信用服务市场

1.信用服务市场存在哪些类型的信用服务机构? 具体提供哪些服务?

2.对相关信用服务的评价如何?

3.信用服务市场还需要哪些尚未提供的服务?

六、行业协会

1. 行业协会在针对企业的信用联合惩戒中能够发挥什么作用?

2. 目前针对"加强企业信用培训,提升诚信经营水平"采取了何种具体措施,能否展开谈谈?

3. 行业协会是否建立以信用为基础的有关机制?协会有哪些与信用相关的制度?

4. 您所在行业协会是如何(或准备如何)对会员进行信用等级评定和信用评价的,或是否考虑配合进行相关信用制度建设?

七、信用信息

1. 对信用信息收集有什么意见?

(1)收集的范围是否合理?收集的程序是否合法?为什么?

(2)在收集过程中是否保障企业应有的权益?例如保护企业的商业秘密。

2. 关于信息平台的构建和相关公共信息的发布

(1)您认为是否存在泄露企业经营的核心信息,侵犯商业秘密的情况?

(2)对于信息平台,您认为其中的信息对于企业认定诚信用户是否起到切实的效果?

八、对重庆市信用体系建设有哪些建议?

关于推进重庆地区企业上市的研究

GUANYU TUIJIN CHONGQING DIQU QIYE SHANGSHI DE YANJIU

关于推进重庆地区企业上市的研究[*]

(基于重庆上市培育企业的筛选与成长环境的改善)

(2022年4月)

一、课题背景及企业上市理论

(一)课题背景及意义

1.课题背景

长期以来,我国经济发展存在着直接融资比例偏低、间接融资比例较高的问题,党的十八大、十九大以来,国家大力建设和持续完善多层次资本市场体系,有效推进主板、创业板、科创板、新三板、北交所、区域性股权市场等各层级资本市场的建立健全和改革发展,鼓励和引导企业通过上市实现快速发展壮大,不断提升国民经济的直接融资水平和证券化水平,高效率促进我国

---

[*] 课题指导:童小平;课题组组长:廖庆轩;课题组副组长:严晓光;课题组主研人员:陆雪、邓行、刘正、杨玉鑫、王灿、陈乾、吴文举。

经济创新转型和高质量发展。

从区域经济发展角度来说,企业通过上市融资发展壮大,不仅能驱动企业做大做强,而且对促进区域经济持续增长也具有重大意义。随着成渝地区双城经济圈建设的深入推进,重庆在我国经济发展和对外开放战略中肩负的使命越来越重大,高效推进重庆经济更好更快地发展变得尤为重要。多年来,重庆市委、市政府高度重视重庆产业和企业发展,积极引导和推进企业通过上市实现跨越式发展,支撑和促进重庆经济的健康创新发展,为实现国家赋予重庆的重大使命奠定坚实基础。为此,重庆市政府陆续出台了《重庆市人民政府关于鼓励企业改制上市若干政策的意见》《重庆市人民政府关于进一步加快我市企业改制上市工作的意见》《重庆市提升经济证券化水平行动计划(2018—2022年)》《重庆市人民政府关于进一步提高上市公司质量的实施意见》等系列政策文件,力促企业上市,并取得了良好成效,对重庆经济稳步增长作出了重要贡献。

与此同时,我们也看到,相对于经济发达地区而言,目前重庆地区存在着上市企业数量较少,后备上市企业不多,企业利用资本市场实现良好发展的活力不强等问题,其深层次原因在于重庆推动企业上市的工作体系还不够完善,包括产业政策未能及时调整,导致无法出现更多新兴且富有生命力的优秀企业;未形成企业服务下沉机制,切实深入企业了解情况,"一企一策"式解决企业上市困难;未充分发挥证券公司、会计师事务所、律师事务所等中介机构的专业化作用;未形成规模化优秀人才来渝留渝的局面,企业招聘高素质人才受限;未形成较大规模的股权投资机构集群,企业运行缺乏资本运作思维;未形成浓厚的企业上市文化,企业经营依然过多地停留在依靠自我积累的氛围中,企业上市意愿偏低;等等。

"十四五"以及未来较长一段时间,以国内大循环为主体、国内国际双循环相互促进的发展新格局,以及"一带一路"倡议,长江经济带、西部大开发等重大战略的进一步深入实施,将推动供给侧结构性改革、扩大内需的有效落地,这为重庆高质量发展赋予了全新优势、创造了更为有利的条件。成渝地区双城经济圈建设的加快推进,将使重庆战略地位更加凸显、战略空间更大拓展、战略潜能更多释放,未来重庆经济发展将有巨大的提升空间。同时,2021年5月,重庆市委五届十次全会通过的《中共重庆市委关于深入推动科技创新支撑引领高质量发展的决定》明确提出,要坚持把科技创新作为高质量发展的主动力,把大数据智能化作为科技创新的主方向,把建设具有全国影响力的科技创新中心作为主目标,把产业科技创新作为主战场,把科技成果产生转化应用作为主抓手,把优化创新生态作为主任务,进一步增强重庆科技创新的集聚度、活跃度、开放度、贡献度、辐射度,努力在新一轮竞争中抢占先机、赢得主动。重庆市政府工作会议也明确提出,将证券化作为重庆经济工作的重要抓手,树立"抓上市就是抓招商、抓升级、抓发展"的理念,有效提升服务效力,激发企业活力,增加上市公司数量,增强上市公司再融资能力,提升直接融资比重,充分利用资本市场服务实体经济发展,持续促进重庆经济增长。这为重庆逐步解决企业上市面临的各种问题,培育更多优质企业,并推动企业上市提供了良好的政策环境。

在此背景下,本课题深入研究重庆地区企业上市的现状、存在的问题以及产生这些问题的原因,并提出解决这些问题的建议,从而推动重庆地区更多企业上市具有重要意义。

2. 课题意义

(1)理论意义

目前,直接研究促进某个区域企业上市的论文或课题较少,核心原因在于影响企业上市的因素众多,涉及产业、财政、税收、金融、教育、人才、企业、上市文化、政府机制等多重主体和因素,在理论研究上,将这些综合因素归于一体存在较大难度。本课题通过综合分析,力图将影响企业上市的各种因素从企业成立、成长和上市的角度归为一体,形成研究框架的闭环,为政府制定政策,组建推动企业上市的工作机制,调整或加码产业、财政、税收、人才、金融等政策,培育更多优质企业上市提供参考。

(2)现实意义

2018年至2019年一季度,重庆经济出现了连续5个季度的增速下滑,2020年、2021年重庆经济增速出现反弹,但质量依然不高,过多依靠投资驱动。其主要原因在于以汽摩、电子信息等为主的传统支柱产业因消费升级及产品迭代出现了需求下滑,而重庆大力布局发展的新一代电子信息、高端装备制造、生物医药等高新技术产业,因时间问题尚不能在短期内成为推动重庆经济增长的支柱性产业,因此,重庆经济发展面临动能不足的问题。解决重庆经济增长动能不足的问题,核心在于引导重庆传统产业转型升级、打造新兴产业并使其逐步成为支柱产业、培育下一代引领性产业,从而形成重庆传统产业焕发新活力、新兴产业创造新价值、下一代产业持续成长并接力成为支柱产业的蓬勃局面。

而从具体的抓手来看,依然需要落地到企业这个微观主体,因此培育并推动重庆企业上市,成为推动重庆产业转型升级的重要举措。一方面,通过上市,重庆企业将在资本驱动下,主动进行技术研究、产品升级等,从而持续提高企业竞争力,壮大企业发展规模,最终推动相关产业的发展;另一方面,企业上市后将依托资本市场的各类要素,逐步牵引上市企业所在产业的发展,集聚产业的上下游链条企业,形成较具规模的产业聚集,催生出更多优质的企业。通过上述良性循环,重庆将逐步形成良好的产业结构,不断促进重庆经济增长。

(二)课题研究逻辑及重点难点

1.逻辑的形成过程

提高一个城市的上市公司数量,如同增加一个"学校"(城市)的"尖子生"(上市公司)。我们需要认真分析自身的现状,向优秀"学校"学习良好的教学管理方式,培养更多的"尖子生",也需要向优秀"学校"的"尖子生"学习快速提升成绩的经验,在此基础上,提出促进"本学校尖子生"数量持续增长针对性较强的各种建议举措。

在向优秀"学校"学习方面,需要与优秀"学校"对比,可能我们培养"尖子生"的方式方法已经相对较好,但通过对比,发现还存在很大的提升空间。而我们在选择"尖子生"进行经验学习时,需要从更加宏观的层面,考虑"尖子生"所在优秀"学校"的综合情况,要考虑对方的"理科学生和文科学生"占比是否和自己"学校"相近(产业布局),还要考虑对方"尖子生"数量增速是否显著优于其他"学校"(上市企业数量增长),最后还要考虑"对方学校学生家庭、教育背景"等是否与"本校"相近(资源分布)等情况。充分考虑若干因素,我们选取了优秀"学校"和成绩提升快速的"尖子生"典型,并向他们学习有益经验。

通过上述类比,课题确立了研究逻辑。

2. 主要研究逻辑及内容

基于上述分析,本课题的研究逻辑及内容为：

(1)构建推动区域企业上市的分析框架。

(2)摸清重庆地区企业上市的基本情况,分析重庆地区企业上市存在的问题以及产生这些问题深层次的原因。

(3)选取浙江、湖北、成都、合肥等推动企业上市取得良好成绩的地区进行深入研究,学习先进经验,并选取1家快速上市的公司进行案例分析,从微观层面解析其快速上市的原因及经验。

(4)就如何增强政策力度,营造重庆企业成长发展环境,以及如何构建企业上市工作体系,合力推进重庆企业上市提出政策建议。同时结合目前重庆地区企业发展情况及资本市场的要求,筛选出未来一段时间重庆企业上市的培植目标。

3. 课题的重点难点

根据以上研究逻辑,上述内容中(2)(3)(4)将是本课题研究的重点和难点。主要难点在于：

一是各种政策资料、信息、数据的完整收集获取可能存在一定困难；

二是重庆地区企业众多,有效挖掘具有培养价值的企业作为上市培植目标,需要花费较多的时间和精力。

(三)企业上市的概念和理论

1.企业上市概念

企业上市是指企业通过证券交易所首次公开向投资者发行股票,以募集用于企业发展的资金的行为。

我国新修订的《中华人民共和国证券法》规定:

"有下列情形之一的,为公开发行:

(一)向不特定对象发行证券;(二)向特定对象发行证券累计超过二百人,但依法实施员工持股计划的员工人数不计算在内;(三)法律、行政法规规定的其他发行行为。"

"公司首次公开发行新股,应当符合下列条件:

(一)具备健全且运行良好的组织机构;(二)具有持续经营能力;(三)最近三年财务会计报告被出具无保留意见审计报告;(四)发行人及其控股股东、实际控制人最近三年不存在贪污、贿赂、侵占财产、挪用财产或者破坏社会主义市场经济秩序的刑事犯罪;(五)经国务院批准的国务院证券监督管理机构规定的其他条件。"

企业上市的基本流程,国内方面,按照我国新修订的《中华人民共和国证券法》和新修正的《中华人民共和国公司法》,以及监管机构、交易所的系列规定,通常需要经过尽职调查、改制与设立、辅导备案、申请文件的制作以及报送、初审、复审、发审、核准、发行与上市等程序。企业当完成股份制改造,达到上市条件后,可向当地证监局提交辅导备案申请,持续完善法人治理结构、股权结构,规范生产经营活动,明确发展方向和资金募集使用目的,并对照监管规定对存在的问题进行规范解决。在完成辅导验收后,可向中国证监会提交上市申请,之后进入审核环节。

在境外上市流程方面,境内企业通常需要与证券公司签署合同,完成尽职调查,并完成股份制改造,同时完成申报文件。在审批环节,企业需要同时向中国证监会、企业所属地方主管部门、境外交易所提交申请,获得审批同意后,企业将以H股、S股、N股、D股等方式在境外资本市场上市。

2.企业上市对区域经济发展的促进作用

(1)企业上市发展能有效实现区域经济资源的优化配置

目前,许多地区经济资源分布较散,配置效率偏低,而企业通过上市获取足够资金后,将通过持续的投资行为,以市场化方式获取更多土地、原材料、人才、政府补助等,有效促进经济要素向有市场发展前景的企业或者项目集中。同时,上市企业通过收购、兼并或者参控股方式逐步吸收其他企业,逐步淘汰落后企业或者落后产能,将最优质的资源集中到最优秀的企业中。此外,企业上市后,根据企业发展规划,也可能布局新的发展领域,其结果是逐步建立起新的产业布局。因此,企业通过上市融资发展,将带动区域各类资源更加高效率地配置,为区域经济发展提供新的动能。

(2)企业上市发展将引导区域产业变迁,打造区域优质产业链条

企业规划上市或者上市后,通常具有较强的发展冲劲,其依

托较为高效的管理机制和优秀人才队伍,能够从复杂的经济信息中,鉴别出自身在市场中的地位,并判断行业最新发展趋势,遵循市场规律,把握主攻方向,通过持续的业务扩张以及资本运作,实现企业充满活力地发展,并带来区域经济的产业变革和升级。对于地区来说,企业上市及上市后的各类资本运作,将驱动转变区域经济附加值偏低、产业链条不长、增长质量不高等相对粗放的增长模式,快速实现先进要素的聚集,先进产业链条的逐步成熟,并推动形成区域存量经济调整和增量经济快速增长的活跃局面。

(3)企业上市发展将扩充区域企业的资金融通渠道

资金是企业发展最为重要的因素之一,在较长的经济周期中,融资难和融资贵一直是制约企业进一步成长壮大的重要障碍之一,企业通过上市融资发展,将打破企业资金融通瓶颈,不仅使得企业自身获得大量发展资金,而且将为其他企业腾挪出更多融资空间。而从区域经济与上市企业互为一体的发展关系来看,企业上市后,其募集的资金大部分投资在本地,这将进一步促进区域经济的增长。可以看出,企业通过上市融资发展,不仅将有效解决企业融资难、融资贵的问题,对于区域防范因担保链条过长而形成的金融风险也有重要意义。

(4)企业上市发展将促进区域经济发展体制机制的优化

上市企业是股份公司,是现代企业的最高形式。企业要上市,必须符合证券市场的一系列严格要求,比如合理的股权结构、规范化的公司治理、高效的财务制度、市场化的人力资源制度等。证券市场较为严格的上市要求,将迫使企业实行现代化的企业法人治理结构和现代化的运行机制,将带来企业管理制度的重大转变,促使企业在管理和经营上实现质的飞跃,并在更高的层次,以更快的速度和更稳健的步伐发展,使得企业逐步成为管理先进、治理合理、机制灵活、竞争力较强的市场主体,进而带动区域经济发展体制机制的优化,促使政府部门以更加市场化的方式进行经济活动管理。

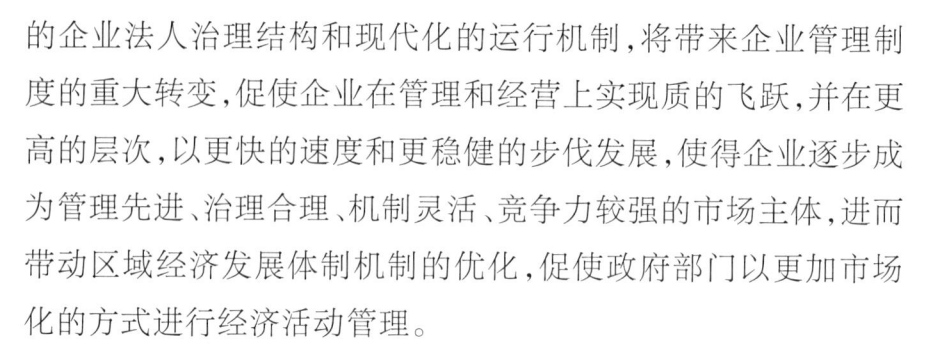

3. 企业上市基本理论

(1)国外现代融资理论

在市场经济条件下,企业进行融资的方式有多种,企业在具体融资时,通常会根据资金成本、收益、税收以及对所有权的影响等进行不同方式的对比,并依据企业发展的目标函数和成本收益约束等,选择最合适的方式进行融资,从而实现企业价值最大化的目标。

企业现代融资理论开端于 MM 理论,由美国经济学家莫迪利亚尼(Modigliani)和米勒(Miller)于1958年正式提出,他们认为在完善的市场中,企业的融资方式对于企业的市场价值无影响,但是由于该结论基于严苛的假设条件,1963年二人进行了修订,得出的结论是企业的最佳融资结构为全部债务性融资,但依然受到严格的条件限制,与实际差距较大。

20世纪70年代,罗比切克、梅耶斯、考斯等人,对 MM 理论提出了修订意见,认为最佳融资结构应该在免税收益和债务上升带来的财务危机成本之间权衡结果;认为由于破产会带来成本,所有代表股东利益的经营者为了避免破产,会尽力多选择股票融资,用股票价值最大化实现企业价值最大化的目标。

1976年,詹森、麦克林联合发表了《企业理论:管理行为、代理成本与所有权结构》一文,提出相对于企业所有者只持有部分股权的公司而言,所有者持有全部股权公司市场价值更高,而二者的差为股权代理成本。当选择债务融资时,理性债权人出于对股东资产替代效应的预期,使债券融资比例上升,同时负债成本上升,这就是债务代理成本。代理成本理论认为,当股权融资与债务融资的边际代理成本相等时,总代理成本最小,资本结构最优。哈里斯和雷斯夫、阿洪和波顿在代理成本理论基础上,提出控制权理论,认为企业融资结构在决定企业收入分配时,也决定了企业控制权分配;融资结构的选择,就是控制权在企业不同的证券持有者之间分配的选择;最优的融资结构应该是在控制权从股东转移给债权人的临界点上实现的。

(2)国内融资理论

国内关于融资理论的研究主要基于国外融资理论的分析和延伸,主要集中在融资结构影响因素的研究和经济效益的研究等方面。张维迎认为,资本结构不仅影响企业融资成本,还对企业的治理结构和增长产生重大影响。陆正飞等通过对上海证券交易所上市公司的分析,认为不同行业的企业在资本结构上存在显著差异,行业之间资本结构的差异主要与各行业追求平均利润以及行业壁垒有着紧密联系。但是这些定性和定量分析,也受制于理论的前提和假设条件,得到的结论应用范围十分有限。

目前国际国内关于企业上市融资的理论依然处于不同的假设和条件限制之下,而在现实中,企业融资的影响因素远远超过了理论的假设条件范围,这些影响的不同结果相互作用,因此企业在实际融资时需要通盘考虑。

(3)国内基于企业上市影响因素的研究

推动企业上市是一个系统性工程,涉及政府工作机制、产业政策、人才政策、财政税收政策、金融政策、教育、企业意愿、上市文化等各方面情况。目前,国内学者对影响企业上市的要素进行了综合或者单一行为分析,产生了较为丰富的成果。

在城市创新能力测评方面:邹燕运用主成分分析法对国内23个重点城市的创新能力进行分类测评,并结合聚类分析结果解析比较这些城市的创新能力结构。朱子明等从国内经济实力、基础设施建设、贸易与投资、就业与收入四个方面构建起适用于长三角核心城市群的评价指标体系,并采用主成分分析的数学模型分析了各城市的经济竞争力。田美玲等通过主成分分析分4个时间断面(1992年、1998年、2006年、2010年)对12个中心城市进行国家中心城市职能评价和排序。曾铖等将城市创新能力效率划分为创新成果产出效率和创新成果转化效率两类。通过构建城市创新能力的两阶段效率模型,在创新能力效果评价的基础上,借助非参数的超效率DEA(数据包络分析方法,Data Envelopment Analysis)方法对创新能力进行了效率评价,对20个主要城市创新成果产出效率和创新成果转化效率进行了测算。郭红构建了我国金融中心城市竞争力评价指标体系,并运用主成分分析法对我国30个主要城市的竞争力进行评估排名,最终确定了我国金融中心城市的等级划分。倪鹏飞等通过构造指标数据采用非线性加权综合法计算城市各项竞争力,从城市经济竞争力、宜商竞争力、宜居竞争力等指标入手,对一、二、三、四线城市进行整体比较分析,着重对二、三线城市进行了优劣势分析。结果显示,二、三线城市经济竞争力空间分布不平衡现象严重;城市经济竞争力的投入没有很好地转化为产出;高房价和低收入的耦合不利于提升城市宜居水平,进而不利于提升城市经济竞争力水平。技术创新和吸引高端要素是二、三线城市发展的后续动力。

在人才和人口结构研究方面:陈新明等发现当前各城市主要针对高层次人才、高校应届毕业生、创新创业人才和专业技术人才,运用资金补助类、生活配套类和发展保障类政策工具,分类评价、分级引用,旨在实现引人、留人、用人的政策目标。并对城市人才政策进行了文本分析,挖掘了引进人才的主要诉求。构建了"政策力度—政策目标—政策措施"三维政策效力模型进行各城市的人才政策效力测度。黄茹等的研究结果表明,在人口的年龄构成中,"0—14岁"组与城市创新能力呈现出非常显著的负相关性,"15—64岁"组与城市创新能力有一定正相关性。城市人口受教育程度、城镇人口比重与创新能力有非常显著的正相关性。崔婷婷等通过实证研究得出,人口流动的显著增加推动了城市创新能力的提升。卢洪友等通过实证研究发现,"人才新政"对城市创新能力具有显著的正向影响,实施"人才新政"后,地方政府在政策引导下提高科技投入水平是产生这一激励作用的重要原因。

此外,对制度创新、城市拓展、金融市场发展、税收政策、风险投资的研究有:

刘筱等研究深圳企业案例,通过访谈等研究方法总结出弱研发基础条件下的高技术产业发展的动力因素,揭示了研发与技术创新是高技术产业发展的重要条件,但并不是充分条件,而非技术创新对高技术产业的发展往往起到关键性作用。郝前进等采用生存分析法以上海规模以上工业企业为分析目标,探究了城市空间拓展和产业政策对企业生存发展的影响。朱玉杰等研究了以金融相关比[①]、金融规模存量、金融集聚、金融效率衡量的金融规模对产业升级的影响。从直接效应与间接效应来看,金融相关比的增长显著促进了产业升级,而金融规模存量增长与二、三产业发展水平呈倒 U 形关系,此外各地区的金融集聚和金融效率水平对产业升级的影响并不一致。黄新春等发现数字普惠金融可通过薪酬效应和人力资本效应影响城市创新能力。储德银等发现,在总量效应方面,税收政策有利于产业结构调整,而财政支出政策却阻滞产业结构升级;在结构效应方面,政府投资性支出和行政管理支出不利于产业结构调整,但教育支出和科技支出对产业结构调整存在正向促进作用。戚湧等以物联网上市企业为例,基于数据包络分析 C^2R 模型和超效率模型,进行了创业投资对物联网产业技术创新绩效影响的评价和实证分析,发现有创业投资支持的上市企业的技术创新绩效高于没有创业投资支持的上市企业。

---

① 金融相关比:一定时期内社会金融活动总量与经济活动总量的比值。金融活动总量一般用金融资产总额表示。

(四)本课题关于推动企业上市的思考

本课题认为,从推动区域企业上市的实际工作来说,企业上市整体包括企业成立、成长、上市三个阶段。其中,企业成立是基础,企业成长是关键,企业上市具有决定性意义,三者环环相扣,缺一不可(见图1)。

1.企业成立

企业成立与区域产业政策关系密切,也与人才政策、金融政策等关系紧密。根据区域资源禀赋及国际国内产业发展动向,及时调整区域产业发展方向及布局新兴产业,能够有效保障区域产业持续保持活力,促进区域经济发展,不断催生新兴且极具活力的企业不断成立或者被引入,从而为培育更多上市企业提供后备企业梯队。只有源源不断的优质后备企业出现,后端的企业成长和上市才具备坚实基础。

2.企业成长

企业成长与区域整体营商环境密切相关,企业的快速成长除了企业需要根据市场需求,及时调整经营策略,持续进行新技术的研发和储备,开发更符合市场需求的产品等之外,也离不开政府的大力支持,包括:为企业用地、用水、用电提供保障;形成各种高效的审批流程,提供低成本高效的企业融资服务;在税收政策方面进行照顾,在财政方面有效补贴;实现优秀人才的高质量输入;推动企业与科研院所合作且将新的研究成果转化为生产力;开展企业上市前期辅导;等等。企业成长是一个较为漫长的过程,需要企业自身付出长期努力,也需要地方各项支持政策的长期实施。企业成长在推动区域企业上市过程中具有关键影响,只有稳定且高质量成长的企业,才能满足后续上市的条件。

3. 企业上市

企业上市是实现区域内成长壮大的优质企业登陆资本市场的决定性环节，企业上市涉及的参与要素众多，包括企业、政府机构、监管机构、交易所、证券公司、会计师事务所、律师事务所、股权投资机构、媒体、各类型协会（如企业家协会）等。从工作效率方面来说，地方政府需聚合各方力量，形成工作合力，开展体系化工作。各机构在体系化工作机制内充分发挥所长，全力解决企业上市面临的各种问题（如历史遗留问题、补税问题、企业改制问题等），只有这样，企业上市才能落到实处，才能持续不断地实现更多的企业走向资本市场。

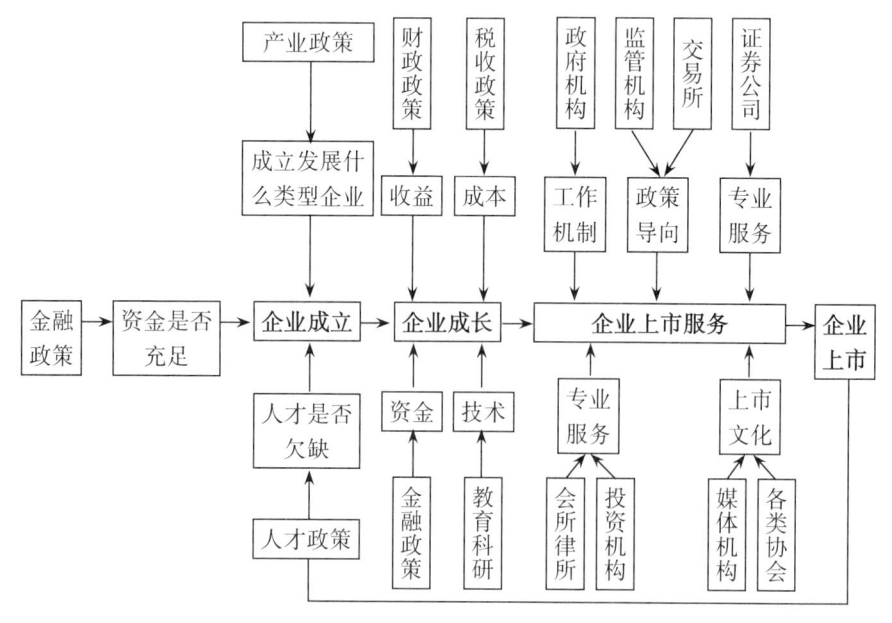

"会所""律所"指会计师事务所和律师事务所

图1 企业成立成长上市过程及影响因素

资料来源：西南证券

二、重庆地区企业上市情况及存在的问题

(一)重庆地区企业上市情况

1. 重庆上市企业的数量、增速情况

(1)企业境内上市基本情况

截至2021年12月31日,重庆境内A股上市公司总数为62家(不包含建车B),包括重庆银行、渝农商行、重庆钢铁等"A+H股"上市公司。2019—2021年,重庆各年上市企业分别为4家、4家、5家。

(2)企业境外上市基本情况

截至2021年12月31日,重庆境外上市公司总数18家。近年来,重庆地区境外上市公司较少,2015年后仅有金科智慧服务集团股份有限公司于2020年底登陆港股,以及香态食品于2021年在纳斯达克上市,其余均为2015年以前上市。

(3)新三板挂牌基本情况

截至2021年12月底,重庆新三板挂牌企业累计83家,其中基础层72家,创新层11家。从转板的信息来看,有7家企业成功从新三板转板至交易所不同板块上市,其中顺博合金(002996)、新大正(002968)、长江材料(001296)、三羊马(001317)成功转板至深交所主板,有友食品(603697)成功转板至上交所主板,中设咨询(833873)、新安洁(831370)等成功转板至北交所。

2. 重庆上市企业的分布

(1) 区域分布

在A股、H股及新三板企业合计数量方面,渝北区、九龙坡区、江北区、渝中区的企业数量位居前四,分别为30家、20家、17家、14家,四个地区的上市及挂牌企业家数合计占重庆市上市及挂牌企业家数的比例为52.6%,超过一半。其中,江北区、渝北区的A股及H股上市企业数量较多,渝北区、九龙坡区新三板挂牌企业较多。石柱县、开州区、南川区等地上市企业数量为零,且均只有1家企业在新三板挂牌,而包括巫溪县、城口县、彭水县等在内的14个区县,既没有上市企业也没有新三板企业。(见表1)

表1 重庆市各区县上市公司及新三板挂牌企业家数对比

序号	区县	A股上市数/家	H股上市数/家	新三板上市数/家	合计数/家
1	渝北区	10	3	17	30
2	九龙坡区	4	1	15	20
3	江北区	11	3	3	17
4	渝中区	6	0	8	14
5	北碚区	6	0	2	8
6	长寿区	3	1	2	6
7	南岸区	3	0	3	6
8	涪陵区	5	0	1	6
9	沙坪坝区	2	0	4	6
10	巴南区	4	0	1	5

续表

序号	区县	A股上市数/家	H股上市数/家	新三板上市数/家	合计数/家
11	璧山区	2	0	3	5
12	荣昌区	1	0	4	5
13	铜梁区	0	0	4	4
14	江津区	2	0	1	3
15	万州区	1	0	2	3
16	大渡口区	1	0	2	3
17	綦江区	0	0	3	3
18	合川区	1	0	1	2
19	大足区	0	0	2	2
20	忠县	0	0	2	2
21	开州区	0	0	1	1
22	南川区	0	0	1	1
23	垫江县	1	0	0	1
24	石柱县	0	0	1	1
25	潼南区	0	0	0	0
26	永川区	0	0	0	0
27	黔江区	0	0	0	0
28	梁平区	0	0	0	0
29	武隆区	0	0	0	0
30	城口县	0	0	0	0
31	丰都县	0	0	0	0
32	云阳县	0	0	0	0
33	奉节县	0	0	0	0

续表

序号	区县	A股上市数/家	H股上市数/家	新三板上市数/家	合计数/家
34	巫山县	0	0	0	0
35	秀山县	0	0	0	0
36	酉阳县	0	0	0	0
37	彭水县	0	0	0	0
38	巫溪县	0	0	0	0

数据来源：Wind，西南证券整理

(2)行业和板块分布

从重庆地区A股62家上市公司的行业分布（证监会行业口径）来看，排名前三位的分别是医药制造业（8家）、房地产行业（6家）、汽车制造业（5家）（见表2），其他行业的上市企业数量不及这三个行业。而国务院发布的《国务院关于加快培育和发展战略性新兴产业的决定》中提及的节能环保、新一代信息技术、生物、高端装备制造、新能源、新材料、新能源汽车等行业，重庆上市公司覆盖较少。

同时，从上市公司分布的板块来看，主板55家，占绝大部分，代表新产业的创业板5家，但是从2014年1月博腾股份上市以后，就再也没有公司在创业板上市；而承载着"加快向具有全球影响力的科技创新中心进军"使命的科创板公司，重庆地区尚未出现；另外，面向"专精特新"企业的北京证券交易所，重庆地区也仅有两家企业上市。

表2 重庆市A股上市企业行业细分表

序号	行业	上市企业数量/家
1	医药制造业	8
2	房地产行业	6
3	汽车制造业	5
4	非金属矿物制品业	4
5	电力、热力生产和供应业	3
6	道路运输业	2
7	铁路、船舶、航空航天和其他运输设备制造业	2
8	专业技术服务业	2
9	化学原料及化学制品制造业	2
10	生态保护和环境治理业	2
11	货币金融服务	2
12	食品制造业	2
13	批发业	2
14	互联网和相关服务	1
15	造纸及纸制品业	1
16	黑色金属冶炼及压延加工	1
17	水上运输业	1
18	软件和信息技术服务业	1
19	酒、饮料和精制茶制造业	1
20	水的生产和供应业	1
21	通用设备制造业	1
22	公共设施管理业	1
23	仪器仪表制造业	1

续表

序号	行业	上市企业数量/家
24	资本市场服务	1
25	废弃资源综合利用业	1
26	广播、电视、电影和影视录音制作业	1
27	零售业	1
28	有色金属矿采选业	1
29	计算机、通信和其他电子设备制造业	1
30	燃气生产和供应业	1
31	电气机械及器材制造业	1
32	土木工程建筑业	1
33	房屋建筑业	1
	总计	62

数据来源：Wind，西南证券整理

从重庆地区新三板挂牌企业的行业分布来看，排名前三名的为制造业，信息传输、软件和信息技术服务业以及租赁和商务服务业，总计59家，超过重庆新三板企业总数的三分之二（见表3）。

表3　重庆市新三板上市公司行业细分表

序号	行业	上市公司数量/家
1	制造业	37
2	信息传输、软件和信息技术服务业	13
3	租赁和商务服务业	9
4	建筑业	5

续表

序号	行业	上市公司数量/家
5	水利、环境和公共设施管理业	5
6	交通运输、仓储和邮政业	3
7	电力、热力、燃气及水生产和供应业	2
8	批发和零售业	2
9	文化、体育和娱乐业	2
10	农、林、牧、渔业	1
11	教育	1
12	卫生和社会工作	1
13	科学研究和技术服务业	1
14	金融业	1
	总计	83

数据来源：Wind，西南证券整理

3.上市企业IPO融资情况

2017—2021年，重庆地区企业IPO（首次公开募股，Initial Public Offering）融资呈现出大幅波动走势。2017年，重庆地区出现6家上市企业，募集资金净额33.04亿元。2018年较为特殊，重庆地区没有企业IPO。2019年，有4家重庆企业首发上市，全年IPO募集资金净额为114.61亿元。2020年，4家重庆企业上市，全年IPO融资净额34.82亿元。2021年，5家重庆企业上市，全年募集资金净额58.25亿元（见表4）。

表4 2017—2021年重庆地区企业A股IPO融资情况表

年份	融资净额/亿元
2021	58.25
2020	34.82
2019	114.61
2018	0
2017	33.04

数据来源：Wind，西南证券整理

(二)重庆地区企业上市存在的问题

1.上市公司数量少、增长慢

截至2021年12月末，沪深A股共有4 684家企业上市，其中重庆地区上市企业数量为62家，在有统计的31个省、自治区、直辖市中，排名第18位，处于中游水平(表5)。从近两年(2020年、2021年)上市情况来看，重庆上市企业的数量分别为4家、5家，在所有地区中排名居于中下游水平。从整体情况来看，重庆地区企业上市数量较少，增长幅度缓慢。

表5 各地A股上市企业数量表

序号	地区	数量/家
1	广东省	762
2	浙江省	605
3	江苏省	570
4	北京市	424

续表

序号	地区	数量/家
5	上海市	386
6	山东省	267
7	福建省	161
8	四川省	156
9	安徽省	148
10	湖南省	132
11	湖北省	128
12	河南省	98
13	辽宁省	80
14	河北省	69
15	江西省	67
16	陕西省	66
17	天津市	63
18	重庆市	62
19	新疆维吾尔自治区	58
20	吉林省	48
21	云南省	41
22	山西省	41
23	广西壮族自治区	39
24	黑龙江省	38
25	海南省	34
26	甘肃省	33

续表

序号	地区	数量/家
27	贵州省	33
28	内蒙古自治区	27
29	西藏自治区	21
30	宁夏回族自治区	16
31	青海省	11
	总计	4 684

数据来源：Wind，西南证券整理

2.后备上市企业数量少

截至2021年12月底，从全国各地区IPO申报企业数量排行情况来看，现在处于IPO申报阶段的企业，包括处于辅导备案登记受理、反馈回复、暂缓发行、证监会注册、领取核准发行批文（不含终止情况）等，在有统计数据的31个省（区、市）中（包括注册地在境外香港地区），注册地在重庆的企业为11家，处于第17位，绝对数量排名靠后，占到全部854家企业的比例仅仅超过1%。与排名靠前的广东、江苏、浙江地区（均超过100家），差距巨大，跟相邻的四川省、湖北省相比，也存在不小的差距（见表6）。

表6 全国各地区IPO申报企业数量排行表

序号	地区	数量/家
1	广东省	160
2	江苏省	126
3	浙江省	119

续表

序号	地区	数量/家
4	北京市	80
5	上海市	64
6	山东省	44
7	四川省	30
8	湖北省	25
9	安徽省	24
10	陕西省	23
11	福建省	22
12	江西省	18
13	河南省	17
14	辽宁省	15
15	湖南省	14
16	天津市	13
17	重庆市	11
18	河北省	10
19	新疆维吾尔自治区	8
20	黑龙江省	6
21	云南省	4
22	广西壮族自治区	4
23	贵州省	3
24	山西省	3
25	西藏自治区	3

续表

序号	地区	数量/家
26	内蒙古自治区	2
27	吉林省	2
28	香港特别行政区	1
29	青海省	1
30	宁夏回族自治区	1
31	海南省	1
	总计	854

数据来源:Wind,西南证券整理

3.上市企业中,民营企业占比较少

从重庆地区上市企业(A股)的性质来看,在62家A股上市企业中,民营企业32家,国有企业24家(地方国有企业14家,中央国有企业10家)。在重庆上市公司总数中,民营企业占比为51.61%,在31个省(区、市)中,民营企业数量排名第16位,排名居于中游,占比排到第20位,相对靠后。

而从整个市场来看,在有统计的省(区、市)数据中,A股上市企业数量共计4 684家,其中民营企业2 930家,占比62.55%。从地区情况来看,浙江、江苏、广东地区民营上市企业占比都在68%以上,三省民营上市公司总数1 423家,占我国全部A股上市民营企业总数的近50%(见表7)。可以看出,民营经济的活跃程度对区域上市企业的数量有着较大影响。

表7 全国各地区上市企业(A股)民营企业占比表

序号	省份	上市公司数/家	民营企业数/家	民营企业占比
1	浙江省	605	488	80.66%
2	江苏省	570	416	72.98%
3	广东省	762	519	68.11%
4	西藏自治区	21	14	66.67%
5	河南省	98	63	64.29%
6	内蒙古自治区	27	17	62.96%
7	四川省	156	96	61.54%
8	湖北省	128	77	60.16%
9	山东省	267	160	59.93%
10	江西省	67	40	59.70%
11	安徽省	148	86	58.11%
12	湖南省	132	76	57.58%
13	福建省	161	92	57.14%
14	海南省	34	19	55.88%
15	河北省	69	38	55.07%
16	北京市	424	233	54.95%
17	青海省	11	6	54.55%
18	上海市	386	209	54.15%
19	辽宁省	80	42	52.50%
20	重庆市	62	32	51.61%
21	宁夏回族自治区	16	8	50.00%

续表

序号	省份	上市公司数/家	民营企业数/家	民营企业占比
22	甘肃省	33	16	48.48%
23	新疆维吾尔自治区	58	28	48.28%
24	天津市	63	30	47.62%
25	黑龙江省	38	18	47.37%
26	广西壮族自治区	39	18	46.15%
27	吉林省	48	22	45.83%
28	贵州省	33	14	42.42%
29	云南省	41	16	39.02%
30	陕西省	66	23	34.85%
31	山西省	41	14	34.15%

数据来源：Wind，西南证券整理

4.已上市企业再融资较少

通过已上市企业再融资的金额或者频率，往往可以看出一个企业的经营状态，再融资活动频繁，通常意味着企业在持续向好经营，不断扩大生产规模。

纵向来看，2017—2021年，重庆地区上市企业增发融资（包括非公开发行股票和发行股份购买资产及配套融资）整体呈现"U"字形态。2017年增发资金净额为83.52亿元，主要为重药控股67亿元的大型定增项目。2018年、2019年两年增发项目较少，分别有3家和4家企业增发，两年融资净额分别为34.24亿元和30.43亿元。2020年，有6家上市企业进行了增发再融资（包括长安汽车60亿元及西南证券49亿元增发项目),全年增发融资155.13亿元。2021年有7家企业进行了增发融资,家数为近五年(2017—2021年)最多,净融资额超过100亿元。(见表8)

表8 2017—2021年重庆地区上市企业增发融资金额表

年份	增发融资金额/亿元
2021	100.91
2020	155.13
2019	30.43
2018	34.24
2017	83.52

数据来源:Wind,西南证券整理

横向来看,2021年重庆上市企业再融资金额处于较低水平,在31个省级行政区中处于第19位,相对于北京地区超过1 500亿元的再融资金额,重庆存在较大差距。(见表9)

表9 2021年部分省(区、市)上市公司增发融资金额表

地区	增发融资金额/亿元
北京市	1 529.66
广东省	1 075.54
新疆维吾尔自治区	1 027.78
江苏省	678.99
上海市	657.43
重庆市	100.91

数据来源:Wind,西南证券整理

5.上市公司股票交易规模较小

从全国各地区上市公司2021年A股市场交易额的情况来看,排名前三位的分别是广东省、北京市、浙江省,全国前五位的地区(包括江苏省、上海市)全年总共交易金额138.93万亿元,占到全部地区交易金额的五成以上。重庆地区A股上市企业2021年全年成交金额为3.89万亿元,绝对数量排名全国第18位,占全国各地区交易金额的1.51%,整体呈现出本地区上市公司活力不强,股票交易规模较小的现象。(见表10)

表10　全国各地区上市企业(A股)2021年交易额表

序号	省份	2021年交易额/亿元
1	广东省	424 204.14
2	北京市	282 384.62
3	浙江省	252 284.58
4	江苏省	246 813.49
5	上海市	183 659.74
6	山东省	133 862.87
7	四川省	130 057.50
8	福建省	96 107.04
9	安徽省	83 538.85
10	湖南省	69 212.36
11	湖北省	61 093.22
12	河南省	60 961.18
13	陕西省	57 090.15

续表

序号	省份	2021年交易额/亿元
14	江西省	48 999.26
15	内蒙古自治区	44 759.43
16	河北省	40 823.60
17	山西省	39 223.93
18	重庆市	38 899.29
19	云南省	37 775.46
20	天津市	37 770.30
21	新疆维吾尔自治区	34 851.18
22	贵州省	31 831.27
23	辽宁省	26 974.53
24	吉林省	23 153.45
25	甘肃省	18 677.30
26	西藏自治区	15 549.54
27	海南省	14 192.31
28	青海省	11 183.45
29	黑龙江省	10 931.35
30	广西壮族自治区	7 992.17
31	宁夏回族自治区	6 895.81
	总计	2 571 753.37

数据来源：Wind，西南证券整理

(三)主要原因分析

1.重庆产业调整缓慢,企业竞争力不强

在关于推动企业上市的思考中,我们阐述过,一个地区若要持续出现上市企业,必须有优质企业持续不断地成立和成长,而优质企业成立和成长最重要的条件是要有产业成长的环境。根据国家产业导向和区域产业变迁规律,积极主动调整区域产业发展方向,及时限制或淘汰落后产业,前瞻性布局战略性新兴产业极为重要,不仅能为新兴企业的成立和成长配置更多资源,促使其发展壮大,还能使得区域经济保持持久的增长动能。

相对经济发达及快速发展地区而言,重庆产业调整较为缓慢,重庆直辖以后,主导产业为汽摩产业、能源化工产业以及医药产业等,到2010年,重庆主要布局的电子信息产业形成了万亿级规模。但重庆电子信息产业主要为加工代理环节,且主要为笔记本电脑生产,聚集了惠普、宏碁、华硕、富士康、广达、英业达、仁宝、纬创、和硕等主要生产商,却缺乏高精尖的研发环节,因此虽然生产规模逐步扩大,但很难出现新的企业。2010年到2018年,重庆主导产业依然是电子信息、汽摩、能源化工以及医药产业,且企业竞争格局日趋稳定,这一期间,少量能上市的企业基本登陆了资本市场。而由于缺乏其他主要新兴产业的布局,其他领域的企业成立较少,且成长较慢。2018年以后,重庆逐步发力智能化、大数据等数字化产业,同时把科技创新作为高质量发展的主要动力,积极培育战略性新兴产业。但从产业培育到成长为支柱产业,再到成为主导产业尚需时日。重庆和一些城市主要产业对比见表11。

表11 重庆和一些城市主要产业对比

城市	主要产业	未来数年产业政策
重庆	智能、汽摩、装备、材料、生物医药、消费品、农副食品加工和技术服务等八大产业集群	依托现有制造业发展基础,加快补充完善产业链、形成产业集群的步伐,巩固提升智能产业、汽摩产业两大支柱产业集群发展水平,培育壮大装备、材料、生物医药、消费品、农副食品加工和技术服务等产业集群,推动支柱产业向高端迈进。到2022年实现规模以上工业企业总产值2.8万亿元,把重庆市建成国家先进制造业重镇
杭州	"1+6"产业集群:万亿级的信息产业集群和千亿级的文化创意产业、旅游休闲产业、金融服务产业、健康产业、时尚产业、高端装备制造产业等六大产业集群	每年招引战略性新兴产业和未来产业项目100个以上。通过5年左右时间,战略性新兴产业增加值占比达到50%以上,形成新一代信息技术及应用万亿级产业集群1个,高端装备、生物医药、节能环保、数字安防、新能源新材料等千亿级主导产业集群5个,人工智能、工业互联网、5G应用、智能网联汽车、航空航天、机器人、材料制造、工业设计等百亿级产业集群10个以上
成都	电子信息、装备制造、医药健康、新型材料、绿色食品产业	积极顺应全球新一轮科技革命和产业变革大势,重点发展包括电子信息、装备制造、医疗健康、新型材料、绿色食品等先进制造业,会展经济、金融服务业、现代物流业、文旅产业、生活服务业等现代服务业和新经济产业,形成"5+5+1"的产业体系

续表

城市	主要产业	未来数年产业政策
深圳	高新技术产业、金融产业、物流产业、文化产业四大支柱产业	到2025年,深圳战略性新兴产业科技创新水平显著提升,掌握一批前沿引领技术和现代工程技术,力争培育更多世界五百强企业和一大批创新型企业,建成10个以上产业规模超百亿、产业链条完备、产业配套完善的新兴产业集聚区,打造更多千亿级和万亿级优势产业集群。以创新引领为核心,围绕新一代信息技术、高端装备制造、绿色低碳、生物医药、数字经济、新材料、海洋经济等七大战略性新兴产业,实施创新驱动发展战略,大幅提升产业科技含量,加快形成具有国际竞争力的万亿级和千亿级产业集群,促进更多优势领域发展壮大并成为支柱产业,持续引领产业升级和经济社会高质量发展
苏州	新一代电子信息产业、高端装备制造产业、新材料产业、软件和集成电路产业、新能源与节能环保产业、医疗器械和生物医药产业	努力发展如下新兴产业:1.新一代电子信息产业,突破大尺寸面板生产关键技术,推进平板显示用彩色滤光片、玻璃基板、偏光片、LED背光源及关键生产设备的研发和产业化,逐步由组装加工向自主研发转变。2.高端装备制造产业,突破精密重载数控机床制造、机器人系统设计与制造、工程机械智能化精确控制、增材制造、MEMS器件微纳复合加工及高性能低成本封装等关键技术,加强集成创新和自主研发。3.新材料产业,重点发展新型功能材料、先进结构材料和复合材料等共性基础材料。4.软件和集成电路产业,加快云计算、大数据、物联网、移动互联网的创新发展,突破资源管理、大数据存储、物联网感知等核心技术瓶颈。5.新能源与节能环保产业,加快开发太阳能光伏、风能、核能等新能源技术和装备,以及太阳能光伏电池的生产制造新工艺。6.医疗器械和生物医药产业,大力推进医学与信息、材料等领域新技术的交叉融合,构建生物医药、医学技术创新体系

数据来源:各城市政府官方网站,西南证券

从企业参与市场竞争的角度来说,由于产业和配套政策调整缓慢,区域经济资源主要配置于成熟性企业,新兴产业的新兴企业获得的资源有限,因此成长速度相对较慢,外加整体科研环境不佳、高水平人才欠缺等,导致重庆新生企业资本实力、研发能力、产品竞争力等相对不强,企业成长需要较长时间的积累。

2. 科研投入水平低,科技孵化能力较弱

科学技术是第一生产力,只有重视和增强科研投入,才能有所创新,才能持久保持产业和企业的生命力。要想持续出现科技创新类上市公司,更需要保持较高水平的科研投入,而重庆的科研投入在国内长期处在较低水平。2010年和2018年,在部分城市科学技术支出以及其在公共财政支出占比中,重庆排名均靠后,落后于杭州、武汉、成都、合肥等城市。(见图2、图3)

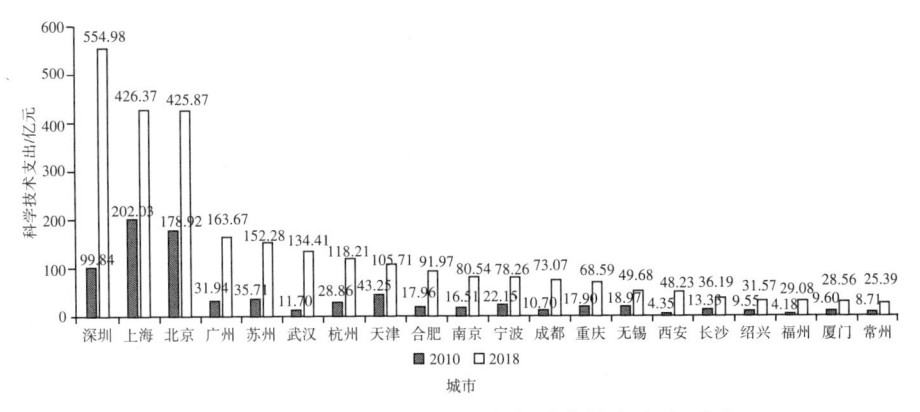

图2 2010年、2018年部分城市科学技术支出对比

资料来源:西南证券整理

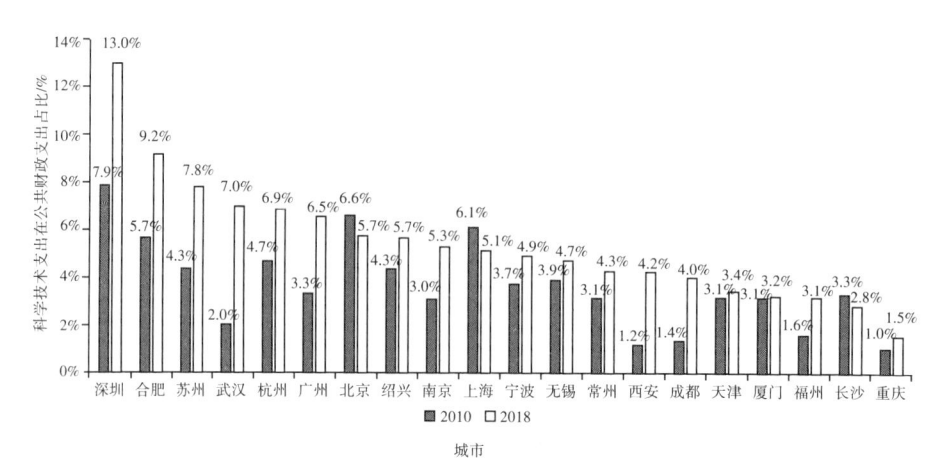

图3 2010年、2018年部分城市科学技术支出在公共财政支出占比对比

资料来源：西南证券整理

而在作为衡量科技投入程度重要指标的每万人职工对应当年专利新增数方面，重庆更是处于20个城市的最后一位，说明重庆的科研成果相对较少，将领先技术转化为产业，并孵化企业的能力较弱，这不利于企业依托专利技术成果成立和快速成长。

3. 股权投资基金活跃度低，金融服务企业发展有待增强

股权投资是指股权投资机构向机构投资者或个人投资者募集资金，投资非上市公司股权或上市公司股份，并通过上市退出、企业管理层回购等方式，出售股份并获取相关利润的行为。近年来，我国股权投资基金发展迅速，规模不断扩大，成为仅次于银行贷款和证券发行的重要融资方式，对于拓宽中小企业融资渠道、推进产业结构升级和科技创新、培育优质企业等具有重要意义。作为直接投资最主要的群体及企业上市前的主要股权融资渠道,股权投资基金的活跃程度,决定了一个地方经济的直接投资、直接融资的景气程度,决定了当地以IPO、拆分上市、并购重组等方式诞生上市企业的数量。

根据清科研究中心发布的《2020年中国股权投资市场回顾与展望》报告,2020年我国股权投资市场成功募集基金3 478只,同比增长28.3%;募集资金1.2万亿元,同比下降3.8%。分省份看,2020年,浙江、江苏、广东(除深圳)、山东、深圳股权投资基金的只数均在300只以上,浙江达到了728只,重庆2020年股权投资基金只数仅18只,且呈减少趋势(同比减少28%),基金只数排名在20名之外;募集资金方面,全国有四个省份(浙江、江苏、北京、上海)2020年新募集资金超过了1 000亿元,重庆2020年股权投资基金的新募集资金金额仅为69.09亿元,同比下降59.4%,大幅落后于全国平均水平。(见表12)

表12 2020年中国股权投资基金地域分布

基金注册地	2020年基金只数/只	2019年基金只数/只	同比	2020年新募集金额/亿元	2019年新募集金额/亿元	同比
浙江	728	494	47.4%	1 186.44	1 101.34	7.7%
江苏	374	308	21.4%	1 030.39	1 354.93	−24.0%
广东(除深圳)	350	264	32.6%	820.79	739.35	11.0%
山东	349	199	75.4%	935.92	718.80	30.2%
深圳	333	292	14.0%	810.52	903.03	−10.2%
江西	253	187	35.3%	299.11	254.60	17.5%
福建	191	117	63.2%	407.45	542.60	−24.9%

续表

基金注册地	2020年基金只数/只	2019年基金只数/只	同比	2020年新募集金额/亿元	2019年新募集金额/亿元	同比
上海	152	97	56.7%	1 039.87	637.30	63.2%
安徽	96	74	29.7%	357.78	330.12	8.4%
北京	86	90	−4.4%	1 009.69	1 653.90	−39.0%
天津	77	41	87.8%	380.57	263.58	44.4%
湖南	67	59	13.6%	268.41	252.54	6.3%
境外	66	53	24.5%	1 885.85	1 457.17	29.4%
四川	58	59	−1.7%	196.05	670.80	−70.8%
湖北	47	61	−23.0%	102.25	251.65	−59.4%
陕西	36	32	12.5%	82.20	132.20	−37.8%
广西	31	28	10.7%	382.48	65.48	484.1%
山西	22	25	−12.0%	107.56	134.74	−20.2%
海南	20	5	300.0%	21.35	4.64	360.0%
河南	19	39	−51.3%	66.23	152.20	−56.5%
重庆	18	25	−28.0%	69.09	170.16	−59.4%
其他	15	43	−65.1%	24.12	117.33	−79.4%
总计	3 478	2 710	28.3%	11 972.16	12 444.04	−3.8%

注：海外注册的基金统计在"其他"项，总计还含有除其他外内蒙古等地区的数值。引自《2020年中国股权投资市场回顾与展望》

从2020年投资项目的数量及规模、退出项目的数量及规模来看，在全国重点城市排名中，北京、上海、深圳、杭州整体实力位于前四，成都、武汉、天津分别位于8—10名，重庆位于第20名（见表13）。重庆发展水平较低的股权投资基金产业，不利于重庆高新技术产业、战略性新兴产业的培育壮大，不利于创新型企业的创立成长。

表13 2020年国内主要城市募、投、退情况及同比变化(按投资活跃度排序)

序号	城市	新募集基金数量/只	同比	新募集基金规模/亿元	同比	投资数量/起	同比	投资金额/亿元	同比	退出案例总数/项	同比	其中被投企业IPO案例数/笔	同比	IPO企业数/家	同比
1	北京	86	-4.4%	1 009.69	-39.0%	1 597	-20.1%	2 313.78	24.5%	835	47.3%	545	122.4%	77	54.0%
2	上海	152	56.7%	1 039.87	63.2%	1 328	-4.4%	1 648.40	67.8%	622	25.7%	395	37.6%	67	55.8%
3	深圳	333	14.0%	810.52	-10.2%	970	7.7%	934.07	71.1%	335	10.6%	202	43.3%	47	67.9%
4	杭州	128	68.4%	205.22	-25.4%	555	-9.6%	401.68	21.5%	125	-48.3%	47	-70.4%	25	0%
5	苏州	164	33.3%	425.92	38.4%	438	27.3%	258.51	75.0%	192	24.7%	142	16.4%	26	44.4%
6	广州	100	29.9%	306.78	-2.2%	330	-4.9%	498.03	-0.7%	200	119.8%	148	322.9%	22	10.0%
7	南京	89	18.7%	270.99	-46.0%	241	1.7%	135.84	-51.6%	77	45.3%	27	50.0%	11	83.3%
8	成都	41	7.9%	129.53	-78.7%	163	-28.2%	88.00	-37.2%	61	10.9%	31	3.3%	10	-16.7%
9	武汉	24	-31.4%	77.55	-50.7%	104	-27.3%	56.61	-28.5%	67	91.4%	26	62.5%	6	100.0%
10	天津	77	87.8%	380.57	44.4%	88	-12.9%	100.43	-45.3%	29	-58.0%	16	-69.8%	8	100.0%
11	无锡	37	37.0%	92.17	-41.7%	86	28.4%	53.10	8.5%	80	105.1%	67	509.1%	15	200.0%
12	合肥	39	56.0%	152.48	67.5%	80	-10.1%	239.43	265.5%	70	150.0%	43	514.3%	11	450.0%
13	宁波	173	24.5%	290.40	-4.2%	79	-11.2%	41.08	-27.9%	37	-50.0%	25	-55.4%	14	100.0%
14	厦门	92	124.4%	248.62	-27.7%	78	-17.9%	78.48	72.0%	29	-27.5%	22	-33.3%	11	83.3%
15	西安	26	30.0%	56.21	-42.9%	78	-20.4%	41.26	-20.1%	43	-25.9%	24	-47.8%	4	-20.0%
16	东莞	28	21.7%	40.08	-42.7%	67	42.6%	70.44	158.1%	46	170.6%	33	230.0%	10	233.3%
17	青岛	193	129.8%	539.77	182.1%	55	37.5%	114.59	277.1%	52	116.7%	44	158.8%	5	-44.4%
18	嘉兴	291	73.2%	458.11	32.5%	53	60.6%	70.97	68.1%	21	75.0%	18	157.1%	9	350.0%
19	珠海	141	39.6%	318.83	45.9%	51	-10.5%	77.69	-82.7%	15	36.4%	1	—	1	0%
20	重庆	18	-28.0%	69.09	-59.4%	50	-3.8%	88.78	14.9%	31	106.7%	17	142.9%	4	-20.0%

数据来源:西南证券整理。引自《2020年中国股权投资市场回顾与展望》

4.人才政策效力不够,无法支撑引入更多高质量人才

产业的发展、企业的成长,归根到底靠的是人才。微链、浙江大学全球浙商研究院和猎聘网共同发布的《2020中国城市人才生态指数报告》,介绍了2019年各主要城市人才生态综合指数排名,重庆以65.33分排在第20位。(见图4)

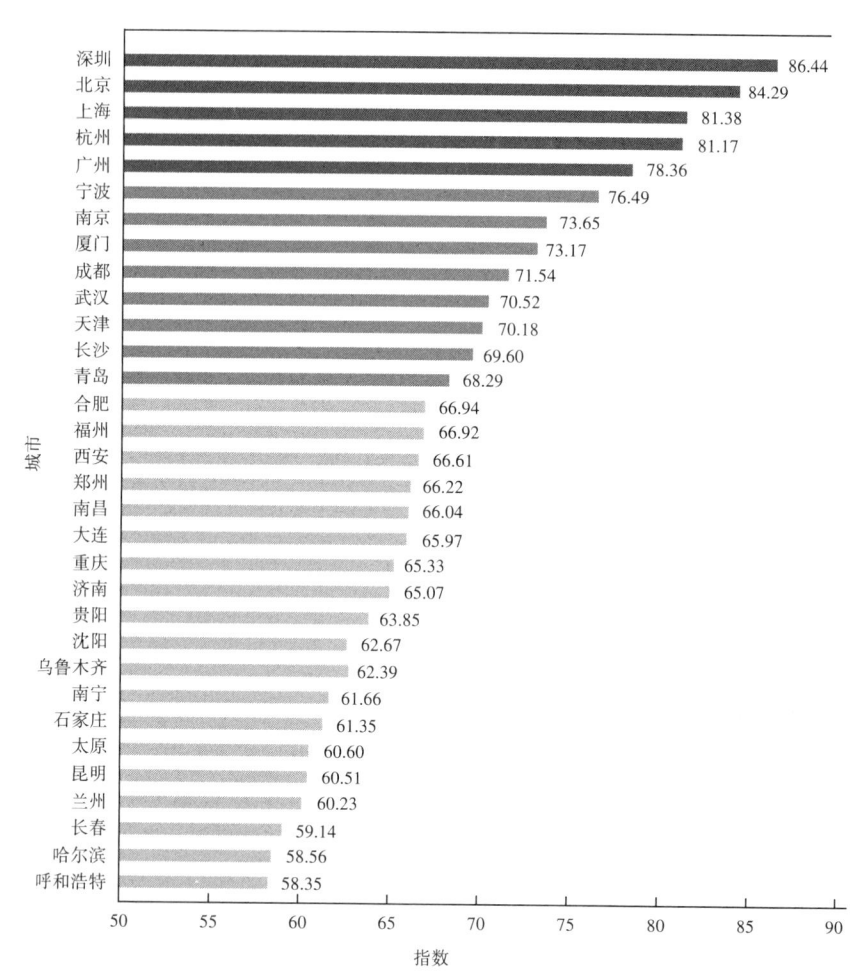

城市	指数
深圳	86.44
北京	84.29
上海	81.38
杭州	81.17
广州	78.36
宁波	76.49
南京	73.65
厦门	73.17
成都	71.54
武汉	70.52
天津	70.18
长沙	69.60
青岛	68.29
合肥	66.94
福州	66.92
西安	66.61
郑州	66.22
南昌	66.04
大连	65.97
重庆	65.33
济南	65.07
贵阳	63.85
沈阳	62.67
乌鲁木齐	62.39
南宁	61.66
石家庄	61.35
太原	60.60
昆明	60.51
兰州	60.23
长春	59.14
哈尔滨	58.56
呼和浩特	58.35

图4　2019年各主要城市人才生态综合指数

数据来源：《2020中国城市人才生态指数报告》，西南证券整理

北京大学政府管理学院陈新明等（2020）在《城市"抢人大战"的政策特征、效力测度及优化建议》中对233个城市的人才政策的政策效力进行了测度。统计发现，重庆在每一个维度上都未能进入前百分之三，说明重庆人才引进政策与其他城市存在差距。（见表14）

表14 部分地区人才政策的政策效力统计

	项目	均值	最大值	最小值	前百分之三的城市
	政策效力	63.35	83	33	杭州市、厦门市、温州市、南京市、青岛市、沈阳市
按政策对象划分	高层次人才	30.65	36	15	温州市、宁波市、杭州市、深圳市、厦门市、石家庄市
	应届毕业生	32.85	38	16	呼和浩特市、南京市、西安市、武汉市、福州市、厦门市
	创新创业人才	30.94	37	16	杭州市、温州市、深圳市、厦门市、武汉市、威海市
	专业技能人才	29.41	34	12	厦门市、杭州市、青岛市、南京市、沈阳市、宁波市
按政策工具划分	资金补助类	38.92	51	22	厦门市、深圳市、杭州市、武汉市、沈阳市、南京市
	生活配套类	34.42	44	16	深圳市、青岛市、沈阳市、杭州市、温州市、石家庄市
	发展保障类	27.78	31	12	青岛市、厦门市、杭州市、沈阳市、南京市、西安市

数据来源:《城市"抢人大战"的政策特征、效力测度及优化建议》,西南证券整理

深圳、杭州和苏州三地的人才政策均具有较强的吸引力,一方面资金补贴的额度较大,另一方面一般3年左右调整一次,根据最新情况及时优化政策,同时在补贴资金中,往往结合科研项目进行科研资金的大额资助。杭州资助的额度可达1亿元,深圳资助的金额可达1 000万元到1亿元,苏州资助的金额可达5 000万元,重庆则缺乏相关大额度的配套制度。而大规模缺失优秀人才,显然无法支撑重庆高新科技产业的发展,不足以

催生大规模优质企业。

5.体系化服务企业上市的工作机制尚不健全,服务企业上市的力度不强

企业上市是一项综合工程,涉及因素众多,需要多部门、多机构、各主体共同努力,绝非某个部门或者某个中介机构努力就能成功。从政府角度来说,企业上市需要产业、科技、金融、招商等各职能部门共同支撑,但重庆相关工作合力还不够强,聚合政府部门各项职能,集中力量常态化下沉服务企业发展和上市的力度不够;未形成选派优秀人员常驻企业,急企业之所急、解企业之所难,帮助企业解决问题的局面;未形成"店小二"式和"打通服务企业上市最后一公里"的服务理念和思维。

6.企业上市意愿不强

重庆部分企业存在不想披露公司财务信息,不想对外公布公司核心技术、不愿出售股权等想法,导致产生不想上市、不愿意上市的思想。部分企业存在小富即安的思想,缺乏持续奋斗精神,企业日常运作存在不规范问题,在企业上市面临企业改制、资产重组或者财务规范等问题时,产生畏难情绪。部分企业太过关注短期利益,不愿意提前付出规范成本。同时企业家族气息浓,人才结构不合理,人员素质跟不上企业发展的速度。另外,多数企业家对上市持观望态度,上市计划易受市场情绪影响,意志不够坚定。

三、浙江省、湖北省、成都市、合肥市推动企业上市实践及案例

(一)浙江省企业上市实践:建设服务型政府,全力服务企业成长上市

浙江土地面积狭小(10.55万平方公里),资源禀赋较差,想要做大做强经济,必须转变发展思维,通过全面构建服务型政府,高效发挥政府机构职能,大力营造优秀的营商环境,持续扶持企业成立、成长、上市,从而不断促进浙江省经济的增长,并引领国家产业的发展。为此,浙江省实施了如下措施。

1. 全力构建政府服务企业发展体系,助力企业发展上市

一是为推进全省企业上市,浙江省早在2000年便成立了"企业上市工作领导小组及其办公室",由分管副省长担任组长,各省级部门派遣人员担任成员,牵头单位为浙江省金融监管局;为服务中小企业发展,浙江省成立了"促进中小企业发展工作领导小组",由分管副省长担任组长,各省级部门派遣人员担任成员,牵头单位为浙江省经信厅。两个小组成立的核心目的是通过顶层设计,促进浙江企业的成立成长和上市工作,通过较高规格的协调机制,及时有效地解决各种问题。

二是浙江省各市、县(区)、镇(街道)设立相应机构,形成省—市—县(区)—镇(街道)四级服务机制,县(区)、镇(街道)机构工作人员定期深入各企业,了解企业成立成长及上市情况,对于存在的问题和困难,及时沟通政府各部门解决。镇(街道)

级层面能解决的,直接解决,不能解决的,报县(区)级层面;县(区)级层面不能解决的报市级层面;市级层面不能解决的报省级层面,由领导小组最终研究协调解决。实实在在帮助企业解决各种问题,且速度快,效率高。

三是全省各政府职能部门如财政厅、国土厅、经信厅、国资委等,以及国家直属机构如证监局、税务局、海关、工农中建浙江分行、政策性银行浙江分行等全部纳入工作体系,各机构高效发挥自身职能,围绕如何助力企业成长上市提供服务,各部门工作按照对经济发展的贡献度纳入年度考核。

2. 政府机构各司其职,深入发挥职能,形成服务企业发展的合力

浙江省各部门在上述工作机制下,努力发挥具体职能,通过政策制定和实施,为企业成长上市提供良好服务,部分内容如下(仅限调研获取信息):

(1)为方便企业上市,浙江省依托政府服务大厅,形成了企业上市"一键"办证模式,各机构在服务大厅集中办公,企业只需一次即可办理上市证明开具事项,如开具土地证明、无犯罪记录证明等。

(2)浙江省经信厅根据国家产业政策及浙江资源禀赋情况,及时调整制定浙江产业发展重点,每2—3年进行优化更新,及时引导新兴企业的成立和成长。2019年,浙江省杭州市发布了《关于实施"新制造业计划"推进高质量发展的若干意见》,杭州将抢抓新一轮科技革命和产业变革机遇,坚定"高端化、智能化、绿色化、服务化"发展目标,形成数字经济与制造业"双引擎",

推进杭州新时代制造业高质量发展,每年招引战略性新兴产业和未来产业项目100个以上。通过5年左右时间,战略性新兴产业增加值占比超过50%,形成新一代信息技术及应用万亿级产业集群1个,高端装备、生物医药、节能环保、数字安防、新能源新材料等千亿级主导产业集群5个,人工智能、工业互联网、5G应用、智能网联汽车、航空航天、机器人、材料制造、工业设计等百亿级产业集群10个以上,这些产业正是国家重点支持发展的战略性产业。

(3)浙江省金融监管局通过沟通协调省内的银行、信托等金融机构,积极降低资金利率,为企业提供低成本的融资服务。据浙江省金融监管局介绍,目前浙江省企业的贷款利息在全国处于最低水平,有效缓解了其融资难融资贵的问题。

(4)为有效服务浙江省中小企业融资发展,浙江省通过有效措施成立和引入了大量股权投资机构,并形成了集群化效应,各投资基金通过资本的力量为不同阶段的浙江企业提供了规模庞大且成效良好的股权投资服务,较好地帮助了企业进行融资,促进了企业的快速发展。2015年,浙江省玉皇山南基金小镇成立,类似于美国对冲基金天堂格林尼治的基金小镇,至2020年,该基金小镇成了我国最大的私募基金聚集地之一,拥有各类金融机构2 400多家,管理资金近2万亿元,形成了完整的募、投、管、退私募金融产业链,完成实体经济投资项目4 029个,投资的企业中约130家完成了上市,2015—2020年,累计实现税收超90亿元。

(5)浙江省财政部门及时调整制定了企业上市的奖励政策,

目前浙江省内企业完成上市以后,可以获取的奖励资金累计达到600万元以上,对企业上市具有良好的助推效应。

(6)人才是经济发展的第一资源,为此浙江省人力资源部门不断优化调整人才引入政策,吸引大量优秀高端人才来浙留浙,服务浙江经济发展,服务浙江企业发展。目前,浙江将人才总体划分为A、B、C、D、E五类标准,每个标准下均拥有完整的资金补助、落户、住房保障、配偶就业、子女教育等详细政策,如针对重大项目,杭州市配套的资金可以达到1亿元,良好的人才服务体系吸引了大量人员来到浙江工作生活。2019年以来,浙江省11个市全部实现了人才净流入,杭州、宁波中高端人才净流入率分别位居全国第1位、第2位。

(7)浙江省教育部门努力建设发展浙江大学、浙江工业大学、杭州电子科技大学等高校,大力发挥大学科技研究与创新实力,打通企业与高校合作路径,让企业依托最新科研成果进行发展。同时,众多高校可以为企业提供丰富的人才来源,浙江大学可以为企业提供中高端人才,浙江工业大学、杭州电子科技大学等可以为企业提供中低端人才。

3."凤凰行动"计划硕果累累

2017年10月,浙江发布推进企业上市和并购重组"凤凰行动"计划,围绕金融强省建设目标,以上市公司为平台、以并购重组为手段,提升上市公司发展水平,提高上市公司数量,巩固浙江在资本市场上的全国领先地位。"凤凰行动"计划提出,要以上市公司为平台、以并购重组为手段,带动做强产业链,做深价值链,提高产业集聚度和核心竞争力。当时提出的2020年目标是:

（1）争取全省境内外上市公司达到700家、重点拟上市企业达到300家，实现上市公司数量倍增；新三板挂牌企业达到1 200家，浙江股权交易中心挂牌企业达到5 000家；股份公司达到8 000家；通过资本市场融资累计达到2万亿元，全省直接融资占比达35%以上。

（2）力争实现上市公司县县有、行行有（按证券市场行业分类）。省内有5家以上上市公司的县（区）达到40个以上，10家以上上市公司的县（区）达到20个，20家以上上市公司的县（区）达到10个；全省上市公司中八大万亿产业和高新技术产业的企业分别占到50%、60%以上。

（3）并购重组活跃度持续提升，60%以上的上市公司开展并购重组，年均并购重组金额达到800亿元以上，主要并购标的为高端技术、人才、品牌和营销渠道等。并购金融服务体系日趋完善，培育和引进一批国内外有一定品牌影响力的并购基金和中介服务机构，并购基金和并购贷款等融资保障年均达到400亿元。

（4）打造若干以上市公司为龙头、产值超过千亿元的现代产业集群，上市公司引领和支撑区域经济发展作用明显增强。培育80家市值200亿元以上、20家市值500亿元以上、3—5家市值1 000亿元以上的上市公司梯次发展队伍。

自"凤凰行动"计划推行以来，截至2020年，浙江省共新增238家境内外上市公司，总数达到641家，总数目前排第二，仅次于广东省，浙江以全国4.2%的人口和1.06%的土地面积，拿下了全国16.4%的新增上市企业。全省85%的市区县拥有上市公司,其中杭州、宁波、绍兴、台州、嘉兴、湖州等6个地市实现上市公司市区县全覆盖,金华、温州接近全覆盖。上市公司后备队伍庞大,在审企业100家,已审或待发行企业30家,进入上市辅导期的企业有223家。并购方面,4年中全省境内上市公司及其控股子公司共实施1 017次并购,交易总金额3 726亿元。鉴于"凤凰行动"计划的良好效果,2021年3月,浙江省发布了新一期的"凤凰行动"计划。

案例:浙江省杭州某上市企业历程

杭州某企业,是国内较早从事辅助驾驶技术开发与服务的企业之一,是智能驾驶领域的开拓者与先行者。主要产品包括代表智能化技术路径的高级辅助驾驶系统和代表网联化技术路径的智能增强驾驶系统、人机交互终端、车载联网终端。2019年,该企业登陆科创板。其发展上市的主要历程如下:

1. 企业成立阶段(2009年6月至2011年6月)

· 企业成立伊始,企业主要负责人与第三大股东(某股权投资机构)约定,企业最终要通过成长登陆A股。

· 企业主要负责人主要负责企业运营管理,第三大股东负责运作上市,因此从一开始该企业便按照现代企业制度严格规范发展,事后看这为该公司上市奠定了良好基础。

· 企业主要负责人通过各种形式,在公司内部层层传导企业最终会发展上市的信念,并通过股权激励形式,绑定核心人员,同时营造企业上市文化,让全体员工满怀信心,努力工作。

2. 企业成长阶段(2011年7月至2018年6月)

· 该企业认为,人力资源是企业发展的重中之重,为此,在政府协助下,企业与浙江大学、杭州电子科技大学建立了校企合作关系,从浙江大学引入高端研发人才,从杭州电子科技大学引入技术加工等人才,有效保障了优秀人才的持续加入。

· 该企业在发展过程中,大量的股权投资机构登门拜访,咨询企业是否存在股权融资需求,许多银行为其提供授信,满足其发展的资金需求。

续表

案例:浙江省杭州某上市企业历程
·支持该企业建立产业研究院,并与高校研究所对接,财政资金补贴其设备、厂房租用等费用,用于企业获取登陆科创板所需的专利。 3.企业上市阶段(2018年7月至2019年11月) ·2018年7月19日,该企业与某证券公司签署了上市辅导协议,聘任该证券公司为辅导机构,对其首次公开发行股票进行辅导。2018年11月5日科创板宣布设立以后,该企业抓住注册制改革的契机,于2019年11月6日成功上市,成为该领域最早登陆科创板的企业之一。 ·在该企业科创板IPO上市的进程中,所在地政府在政策方面给予极大支持,派出专人进行对口服务,定期召开协调会,及时解决企业在上市进程中遇到的各类问题。 ·该企业被所在地政府纳入"凤凰行动"计划培养梯队,分阶段对企业进行培育及财政奖励,企业从开始上市到上市成功,共获得600万元的各项财政补贴,极大地激发了企业发行上市的积极性。 ·该企业通过二维码进行IPO相关证明的一站式办理,极大地提高了办事效率。 4.企业上市以后(2019年12月至今) ·该企业科创板IPO成功以后,当地政府给予低价拿地、租金减免、协助申请人才公寓、交通补助、解决高管子女教育问题等多项优惠措施。 ·为开展员工持股计划,该企业将有限合伙企业迁至其他地区,该企业所在地政府给予大力支持,为该企业员工持股计划节省了约20%的个人所得税。

(二)湖北省企业上市实践:建立信息系统,合力推进企业上市

湖北省政府机构全力搭建平台,沟通了解并解决企业上市存在的普遍性以及个性化问题,为企业上市提供政策框架内的

服务和指导,将相关企业上市辅导、保荐、财务、法律、股权投资等问题交由专业的中介机构解决,但与企业上市相关的所有要素均认真组织,形成合力。政府部门主要搭建包括企业上市各参与主体在内的工作机制,通过机制的有效运行,联动市场各参与主体,持续产生优质企业,共同培育和推进企业上市。为此,湖北省重点开展了如下工作:

一是成立湖北省企业上市工作领导小组,由副省长担任组长,各省级部门选派一名副厅长及一名工作人员参加领导小组,全面领导推进湖北省企业上市工作,领导小组负责制定湖北省企业上市工作规划,总结工作经验并在实际工作中严格落实。同时,湖北省企业上市工作领导小组下设办公室,设立于湖北省金融监管局。湖北省金融监管局单独设立了湖北省上市工作指导中心,编制10人,专职开展湖北省企业上市服务工作,其核心工作为建立包括企业、政府部门、证监局、上交所及深交所湖北基地、证券公司、会计师事务所、律师事务所、股权投资机构、企业家协会、财经媒体等在内的一体化服务体系。在此体系下,各单元各司其职,密切配合,合力推动湖北企业上市。

二是为有效提高上述工作效率并长效开展企业上市工作,湖北省建立了企业"上市云平台",汇聚了湖北企业信息、政府服务信息、中介机构服务信息等,让使用者通过登陆该信息平台,可以迅速了解湖北企业上市情况、服务信息以及上市操作指南等。同时湖北省根据企业"上市云平台"中的企业信息,制定了企业上市"种子计划",通过政府、专家、中介机构、企业家、财经媒体等专业人士的共同评选,每年评选"金种子""银种子""科创板种子"企业库企业,将入库企业名单及时对外公布,并通过重点推介,提供资金帮助、高频率走访以及推出"一事一议""一企一策"政策、对须进行行政处罚的事项依法依规从轻或减轻处理、各级部门行政处罚决定要事先通报省上市办等措施,对入库企业进行重点培养和扶持,并推介上市,成效极为显著。

自2019年湖北省大力推进企业上市工作以来,通过各方努力,湖北省上市后备资源库入库种子企业累计达880家(动态调整),2021年5月,湖北省发布了新评选的"金种子"企业100家,"科创板种子"企业53家,"银种子"企业348家。此前的"金种子"企业中,已有奥美医疗、帝尔激光、五方光电、嘉必优、兴图新科、和远气体、良品铺子、长源东谷等企业在沪深交易所上市,斗鱼网络科技在美国上市,其中嘉必优、兴图新科分别成为湖北省第一家、第二家科创板上市公司。

(三)成都市企业上市实践:引领重点产业发展,做实企业上市服务

2021年12月,随着四川观想科技在深交所创业板挂牌敲钟,成都市A股上市公司达到了100家,境内外上市公司达到了128家,上市公司数量排名中西部城市第一,成都借力资本市场在更大范围内配置经济发展高端要素的工作迎来了新的发展台阶。而在2021年,成都有14家公司在A股成功上市,4家在港交所上市。在14家A股新上市公司中,8家登陆科创板,4家登陆创业板,北交所和主板各1家。

近年来,成都企业上市保持着高速增长的态势,主要在于成都"精准化"建设上市服务体系、"集群化"引领重点产业发展、"体系化"构筑动态服务机制和"专业化"构建科创服务平台。

1. 精准化建设上市服务体系

一是建立了覆盖市、区县两级的上市协调联动机制。成都市、区县均建立了上市服务机制,拥有各自的分管领导和职能部门,定期召开上市工作推进会议,协调解决辖区内拟上市企业存在的困难。如需全市统筹协调解决的事项,由成都市金融监管局汇总报送推进国家西部金融中心建设联席会议研究。

二是建立"交子之星"经济证券化分类分级培育机制。成都市建立了拟上市、发债等企业资源库,其中,拟上市资源库按照"基础库""重点库""种子库"分级标准进行完善,并与金融机构建立长效对接机制,调研、筛选、培育一批重点拟上市企业。设立了由监管机构、金融机构、中介机构组成的专家团队,深入指导企业加快上市进程,努力提高企业上市成功率。

三是搭建与境内外交易所对接平台。加强与沪深交易所、港交所、纽交所、纳斯达克、新交所、中欧交易所等境内外主要交易所沟通对接,争取其在蓉设立代表处或西部服务中心,积极拓展海外融资渠道,为各类企业创造良好的外部融资环境。目前,成都落地了上交所西部基地、深交所西部基地、新三板西南基地、中欧国际交易所西部中心等区域性资本市场基地,是全国最早拥有三大交易所区域基地的城市,资本市场供给较为丰富。

四是设立了目标考核机制。强化对市政府有关部门和各区县量化考核,将上市挂牌、拟上市企业入库、组织培训活动等工作纳入目标绩效考评,并建立超额完成的加分考核机制。

2."集群化"引领重点产业发展

2018年以来,为推动经济发展,成都以生态圈引领功能区错位协同发展,逐步形成了"5+5+1"产业体系—12个产业生态圈—66个产业功能区三级协同支撑体系,组建了12个产业生态圈联盟,汇集了行业内头部企业、高校院所、投资机构及专业服务机构等"政产学研用融"6类成员单位近3 000家。其中,"5+5+1"产业体系为电子信息、装备制造、医疗健康、新型材料、绿色食品5个重点支柱性产业,和会展经济、金融服务业、现代物流业、文旅产业、生活服务业5个高品质现代服务业,以及以新经济("人工智能+""大数据+""5G+""清洁能源+""供应链+")为代表的引领性产业,为经济发展提供新动能。为了支撑上述产业的集群化发展,成都将全市划分为12个产业生态圈和66个产业功能区,体系化支撑成都产业体系的快速成长壮大,同时专门成立了11只基于"5+5+1"的产业基金,由市财政性资金参与母基金做引导,撬动更多社会资本服务上述产业发展。产业基金以市场为导向,着力优化企业发展的资本生态,借助母、子基金管理机构的专业化、市场化投资能力,深耕重点投资方向和领域,优选具有核心竞争力的优势企业,进一步将资产配置在推动产业集聚和转型升级的先进生产力上,为成都"5+5+1"现代产业体系中不同发展阶段和融资需求的企业提供一系列的综合性金融服务。

2020年,成都电子信息产业实现产值10 065.7亿元,成为成都首个万亿级产业。产业持续繁荣的发展带来的是大量企业的不断成立,2018年至2020年,成都新增企业数超过200万家,位居国内各城市之首。

3. "体系化"构筑动态服务机制

成都市为了将服务企业发展和上市工作落到实处,制定了专门的服务下沉机制,动态化服务企业发展需求。为此,成都市推出了"驻企专班专员服务机制",各区县从政府部门、街道办选派具有经济、规划、招商等专业背景的人员担任驻企专员,驻企专员专门负责收集企业的各项需求,并帮助解决问题,能现场解决的问题现场解决,不能现场解决的问题,则报送上级部门协调解决,同时建立企业服务台账制度,及时跟踪各项问题的解决进度。

此外,成都"驻企专班专员服务机制"根据实际情况灵活确定服务形式,以达到最好的服务效果,如为服务新经济企业发展上市,成都设立了"领导专班+市级服务专班+企业俱乐部服务专班+县(市、区)服务专班",分别对应新经济重点企业、百家"双百"企业和梯度培育企业。其中多家企业实现了驻企专员"一对一"全覆盖,有效实现了企业"找一个人,说所有事,解各种难"。这不仅提高了企业服务的针对性、实效性,也使企业得以专心从事生产研究,不断做大规模。

4. "专业化"构建科创服务平台

为抢抓上交所设立科创板并试点注册制的改革机遇,成都依托"交子之星"经济证券化倍增行动计划,大力推动科技创新企业通过登陆科创板做大做强。为此,成都市除了继续强化企业上市服务体系和动态服务机制外,专门制定出台了成都企业科创板上市的扶持政策。(1)对科创板拟上市企业,上市申请被上海证券交易所正式受理的,给予200万元奖励;对在科创板首发上市的企业一次性给予800万元奖励。对新迁入成都的科创板上市公司,一次性给予600万元奖励。(2)对科创板拟上市企业的科研费用和科研成本予以较大比例的税前摊销和补贴,支持企业获取专利。(3)对科创板上市企业高管、核心人员以及证券公司保荐代表人(保荐2家科创板企业以上),优先申报国家的"千人计划"和四川的"蓉漂计划"等。(4)在天府(四川)联合股权交易中心设立科技创新专板,为科技创新企业提供融资服务,培育孵化,使其登陆科创板,优质企业的奖励可达1 000万元。

(四)合肥市企业上市实践:做强产业基础,梯次培育上市企业

1.合肥产业发展模式

2020年,合肥GDP达到10 045.7亿元,成功跻身GDP万亿城市俱乐部,2021年,合肥实现GDP11 412.8亿元,而2010年,合肥的GDP不到3 000亿元。合肥到底做了什么,使得其GDP能保持多年高速增长,并创造了全国知名的"合肥模式"?

合肥认为,要想提升GDP规模,必须首先做大产业规模,而且必须做大做强具有发展前景的产业。为此,合肥市充分评估了自身的产业情况和综合优势,首先依托自身在家电等产业领域的优势,深入构建产业链条,并循序渐进式地发展和布局了与家电产业密切相关的显示屏、芯片等产业,随后逐步扩展到新能源等产业链条。而在具体做法上,合肥市创新式地采用了"以投带引"的方式,迅速引入了大量优势企业入驻。即合肥市成立若干政府产业基金,大量投资拟被引入的企业,并将被投资企业或

者生产项目落地至合肥,通过上游产业的布局,迅速带动了中下游产业以及配套产业的聚集。其核心做法如下:

一是合肥成立了多个政府性产业基金平台,由政府充当风险投资人,直接投资有战略价值的产业,并以此吸引和带动更多项目落地。这种资本招商的方式,所获得的收益除了经济规模,还包括就业和税收。同时,政府作为股东,还能直接分享到项目成功带来的分配红利,大大提高了政府财力和对项目再投资的回转能力,并逐步形成了"国资引领—项目落地—股权退出—循环发展"螺旋向上的闭环。通过多年发展,项目逐步增多,总量稳步提升。

二是常年保持一支精干的招商引资队伍,为持续引入优质项目,合肥常年派出200多个小分队在各地发掘潜力项目,每年谋划不少于100个重大招商靶向型项目,同时建立了100多人的专家资讯库,对拟重点投资的项目进行充分论证和评估,引进了20多所大学的教授学者建言献策,将对策变决策、文章变文件,实打实地将理论与实践相结合,为产业布局和产业基金投资提供强有力的支持。

三是通过提升专业化的能力,密切跟踪和持续研判国家产业导向,并根据自身产业基础,调整产业发展方向,合肥主要发力"芯屏器合"("芯"指芯片产业,"屏"指平板显示产业,"器"指装备制造及工业机器人产业,"合"指人工智能和制造业融合)、"集终生智"("集"指集成电路,"终"指智能家居、汽车等消费终端产品,"生"即生物医药,"智"指与工信部共建的"中国声谷"以及以科大讯飞、华米科技等为代表的智能语音及人工智能产业)八大地标产业,形成合肥城市的"产业名片"。合肥通过投资引入重点企业并形成产业聚集情况见表15。

表15 合肥通过投资引入重点企业并形成产业聚集一览

投资并引入的企业	具体情况	产业集群
京东方	2008年,合肥暂停地铁项目,拿出三分之一的财政收入投资京东方6代线,并连续获得京东方8.5代线和10.5代线的投资。目前,京东方在合肥投资已超过1 000亿元,有2万多名员工,年产值400多亿元,推动合肥成为世界最大显示屏生产基地之一	合肥随后又投资引入了维信诺等一批龙头企业,带动了70多家配套企业纷纷入驻,形成了从原材料到核心器件再到终端应用的千亿级显示屏产业集群
合肥长鑫	在布局了家电产业、面板产业之后,另一个拥有较高技术壁垒的上游产业(芯片)又在合肥出现了。2017年,合肥出资组建了合肥长鑫,专门生产动态随机存储器(DRAM)。通过购买专利和技术,2019年9月,合肥长鑫宣布8GB颗粒的国产DDR4内存量产成功,实现了0到1的突破,打破了国外垄断的局面。如今,合肥长鑫在国内内存芯片行业的地位首屈一指,国家集成电路产业投资基金、小米长江产业基金纷纷投资,新一轮融资150多亿元	在合肥长鑫不断崛起的过程中,一大批龙头企业纷纷集聚合肥。全球第六大晶圆代工企业力晶科技、国内封装企业龙头通富微电、设计业龙头企业联发科技、兆易创新、群联电子、敦泰科技、君正科技等先后落户合肥及周边。2020年,合肥半导体产业产值达千亿级

续表

投资并引入的企业	具体情况	产业集群
蔚来汽车	2020年初,蔚来汽车因现金流短缺陷入生死困境,且四处寻资未果。最终,合肥投资70亿元,并采取各种措施,助推蔚来汽车发展。此后,蔚来汽车销量和股价双双大幅增长,股价从每股2.63美元最高涨到66.99美元,超越宝马和奔驰,一度成为全球市值第四大车企	合肥引入蔚来新能源汽车后,大众、国轩等抱团式扎根涌入。在此基础上,合肥又相继投资50多个项目,新能源汽车总投资超过500亿元,成功聚集了产业链企业120余家。现在的合肥,新能源汽车行业的整车、关键零部件、应用及相关配套企业齐全,安徽省新能源汽车销量占到全国的12%以上

资料来源:西南证券整理

2.合肥推动企业上市工作情况

有了上述产业基础,合肥推动企业上市工作便成了水到渠成的事情,2020年,合肥新增上市公司20家,2021年新增上市公司6家,合肥A股上市公司总数达64家,其中主板41家、科创板12家、创业板11家。同时,由于高新产业聚集效应持续凸显,合肥的高新技术企业达到了3 328家,这为合肥企业上市提供了充足的后备队伍。

在推动企业上市具体工作中,合肥紧抓资本市场改革发展机遇,奋力推进科技和金融融合创新,以资本力量赋能企业发展,在好项目纷至沓来,"独角兽""瞪羚羊"不断涌现的情况下,持续培育优质后备企业,全力协调服务重点企业上市。

一是专门成立由市政府主要负责人担任组长的推进企业上市工作领导小组,建立市直行业主管部门与各区县、开发区协作配合的联动工作机制,推动全市企业上市工作。通过上门走访、专题会议等多种形式,以问题和需求为导向,切实解决企业存在的融资、用工、用地等实际困难,建立了"培育—辅导—申报"的上市工作长效机制。

二是搭建与中国证监会、安徽证监局、沪深京交易所的信息沟通机制,紧抓政策机遇,快速推动企业上市;与安徽证监局、沪深交易所互派干部挂职交流,建立信息互通、常态沟通、定期会晤的工作推进机制;与证券公司、会计师事务所、律师事务所、咨询机构等中介机构签订战略合作协议,密切服务企业需求;持续组织开展产业、金融、资本研讨,在上市实务、IPO审核政策解读、企业财务管理、企业合规经营、企业股权融资等方面持续进行培训,增强企业家资本运作思维,培育企业上市文化。

三是施行重点上市后备企业制度和"周协调、月通报、季调度"的上市工作推进机制,明确任务清单和责任清单,实施"挂图作战",推动工作人员下沉企业,就企业在上市过程中遇到的融资、人才引进、土地、工商、环保、社会保障等问题,精准发力打通堵点,破解发展瓶颈,为企业上市铺平"最后一公里"。

四是着力发挥位于合肥的中科大、中科院合肥物质科学研究院等的技术研发优势,着力打造量子计算、大数据等创新平台,推动创新科技从实验室走向产业化,持续孵化创新企业。目前,发源于中科院合肥物质科学研究院和中国科技大学的创新企业达数百家，如科大讯飞、科大国创、科大立安、华米科技、本源量子、国仪量子等，并持续出现上市企业和行业龙头。其中，上市公司科大讯飞，目前已是亚洲最大的智能语音公司。

五是建立企业上市信息化系统，智能化管理后备企业库，并持续更新入库企业，按1年、3年和5年的规划分为三个梯队培育。持续结合资本市场不同板块的要求和企业特点，针对性开展动态化、梯度化、信息化培育。

（五）四省市成功经验总结及对重庆推动企业上市的启示

从浙江省、湖北省、成都市和合肥市在推动企业上市工作中的良好成效来看，虽然在具体做法上存在不同，但存在着明显的共性，对重庆推动企业上市工作有着重要的借鉴意义。

1. 着重优化产业结构，推进产业升级，培育大批优质后备企业

从浙江、成都和合肥的实践中，我们发现，三地之所以能够持续不断推动企业上市，核心原因之一在于其通过持续的产业调整和新兴产业的布局，为新的具有生命力的企业不断成立成长壮大，提供了丰润土壤，从而为企业上市提供了源源不断的后备军团，这是企业上市的根基，没有大量优质的企业成立，后续的企业培育和上市只能是空中楼阁。未来，重庆需及时紧跟国家产业政策导向，及时调整制定具有发展前景的产业目录，厚植企业成长土壤，持续涌现"尖子生"企业。

2.较好开展了产融合作,以产业为基础,以金融为助推器,快速培育企业发展壮大

产融合作的基础是产业和金融缺一不可,产业的发展缺乏金融,将失去资本成倍助推的功效,成长缓慢,因此建立较大规模的金融服务体系对推动产业发展意义重大。而金融要产生贡献要以产业为基础,否则再多的金融机构扎堆,也无济于事,且容易产生脱实向虚风险。杭州基金小镇和合肥"以投带引"的成功,均基于当地实体产业的蓬勃发展,大规模资金的介入既培养壮大了相关或延伸的产业链条,又催生了众多优质的企业,为更多上市公司的出现奠定了重要基础。对于重庆来说,在持续做强产业的基础上,需要更加有效地发挥金融助推器的作用,高效发挥西部金融中心的效力,为企业的成立、成长和上市提供全周期的金融服务,深入推动产融合作。

3.建立高效推动企业上市的政府工作体系极为重要

浙江、湖北、成都和合肥均建立了高效运作的企业上市领导小组,充分发挥各政府部门职能,形成统一力量,构建了分工清晰、密切配合的网络化工作体系,有效保障了企业所面临问题的及时解决。同时,与中国证监会、地方证监局、沪深京交易所建立了密切的沟通机制,在政策解读、信息获取、企业培训等方面开展了卓有成效的沟通合作,为企业上市做出了重要贡献。目前,重庆已形成企业上市联席会议工作机制,而在构建密切配合的网络化工作体系上,需要更加精细化研究如何更好地发挥各部门的职能,更好地定位各部门的职能边界,以在推动企业上市过程中形成服务的无缝对接,并快速地形成工作合力。

4.政府部门发挥"店小二"精神,下沉服务,通过真情实意的服务帮助企业解决问题

不管是浙江省的四级联动机制,湖北省专设的上市工作指导中心,还是成都的"驻企专班专员服务机制"及合肥的"周协调、月通报、季调度"上市工作推进机制,四地均建立了政府工作人员与企业密切对接的机制。政府工作人员主动上门服务,查症结、找问题并快速解决问题、送政策,通过真情实意的服务,不断排除企业发展中面临的疑难杂症。政府工作人员通过"店小二"式的服务精神,在深深感动企业的同时,也为推动企业上市发挥着不可估量的力量。重庆需积极学习四地政府工作人员的服务精神,根据经济发展环境的变化,及时转变工作思维,主动深入企业,通过下沉服务企业,切实解决企业发展上市过程中面临的各项问题。

5.注重发挥科研院所的原创性技术优势,强化科技产业转化,培育大批新兴企业

浙江、湖北、成都和合肥分别有效发挥浙江大学、华中科技大学、电子科技大学和中国科技大学等优势高等院校的研发优势,通过有效的政策引导,或将实验室的原创技术直接产业化,孵化大批优质企业,或将原创技术输送至相关企业,用于企业获取专利,为企业上市扫清障碍。这种原生性的创新技术或者生产工艺等,往往极具价值,一旦形成良好成果转化机制,可以源源不断催生大批可以短时间上市的优质企业,这对一个地区持续出现上市公司作用巨大。与上述四地相比,重庆高校资源虽

无优势,但资源也较为齐全,需加强重庆高校相关资源的建设力度,强化科研成果输出,建立产学研一体化机制,畅通高校和企业之间的合作通道,努力为"尖子生"企业输送专利技术应用成果。

6. 企业上市文化的引导作用不可忽视

企业上市文化作为一种"软实力",其直接作用表现为对企业通过资本市场运作迅速发展壮大的引领,以及潜意识的持久作用,浙江等地深厚的企业上市文化在促进浙江企业上市中发挥了巨大作用。一方面,浓厚的企业上市文化将促进企业家在企业成立伊始便树立最终上市目标,并持续严格按照现代企业制度规范企业发展,减少企业上市时产生的各种规范成本;另一方面,浓厚的企业上市文化能够使得企业家或者投资者之间充分熟悉了解,并可能进行合作,并产生大批"尖子生"企业。重庆地区企业上市文化较弱,需要通过有效的手段,发挥社会各方面力量,持续营造企业上市文化整体氛围,以先进的企业上市文化理念引领重庆企业上市工作实践,以浓厚的企业上市文化氛围促进重庆企业家树立通过资本市场发展壮大的意识。

四、增强政策力度,改善优化重庆地区企业成长发展环境

未来,"一带一路"倡议,长江经济带、西部大开发等重大战略的深入实施,将为重庆经济高质量发展赋予全新优势,打通全

新通道；成渝地区双城经济圈的加快建设，将促进重庆经济持续拓展发展空间、释放发展潜能；"一区两群"协调发展将推动重庆经济更加均衡布局；西部（重庆）科学城、数字经济建设等将驱动重庆产业迈向中高端价值链。未来数年，重庆经济将在建设全国重要经济中心、科技创新中心、改革开放新高地过程中取得全新发展。而为打造一个规范、透明、开放、有活力、有韧性的资本市场，更好地发挥资本市场服务实体经济的重要功能，我国资本市场迎来了新一轮的改革发展，许多重要的基础制度持续建立完善，如科创板注册制的建立实施、创业板注册制的实施、北交所的创立实施等，这极大地增强了资本市场服务实体经济企业的力度，拓宽了企业特别是新经济企业利用资本市场发展壮大的渠道。与此同时，我国资本市场对外双向开放正深入推进，外资金融机构进入我国以及我国金融机构走向海外的许多限制正逐步取消，在此背景下，包括重庆在内的国内企业将拥有更多机遇登陆境内外资本市场。

总体来说，"十四五"期间以及未来一段时间，重庆经济发展具有巨大提升空间，也具有良好的区域经济和资本市场发展环境，这将为推动更多重庆企业走向资本市场奠定坚实基础。为有效把握良好机遇，建议重庆持续优化产业、财政、税收、金融、人才等政策，并增强各项政策的实施力度，为重庆地区企业的成长上市营造活力日增的发展氛围。

（一）加快建立健全容错纠错机制，激发广大人员干事创业激情

建议重庆市加快建立健全容错纠错机制，激发广大人员的干事创业热情，形成包容试错、涵养积极进取精神的文化氛围。

一是制定详细的正面清单和负面清单，为各部门、人员提供政策路线，为容错纠错机制落地提供指引。

二是在建立容错纠错机制的同时，制定配套的激励机制，让能干事、干成事的人员获得相应激励，在组织中形成想干事、敢干事的氛围。

三是探究引入与容错纠错机制相配套的第三方评估机制，为广大人员形成公平的容错纠错预期。当问题发生时，通过第三方做出客观评估，解决广大人员对容错纠错机制在实际使用层面的担忧，提升容错纠错机制的实用性。

（二）及时调整产业政策，不断优化产业结构，促进企业成立成长

建议重庆市经信委牵头，协同其他政府机构，根据国家产业政策、产业变迁规律、重庆资源禀赋、资本市场导向等综合情况，3年左右优化调整一次重庆重点产业发展方向，高度重视科技创新发展，加快建设形成重庆现代产业体系，培育壮大一批专注细分市场、创新能力强、质量效益高、产业支撑作用大的"专精特新"中小企业，引领带动全市中小企业高质量发展，为重庆不断成立出现具有广阔发展前景且上市可能性较大的企业，提供丰沃土壤。

一是进一步挖掘现有产业优势,汇合资源,进一步做大做强现有优势产业。建议延伸目前重庆汽摩、电子信息等优势产业链条,做强产业后端服务体系,如依托重庆汽摩、电子信息产业集群优势,结合汽车产业和电子信息产业不断向高端化、智能化、物联化、绿色化发展趋势,持续培育这些领域重要的电子元器件、零部件的供应企业,打造产业后端服务集群;如以智飞生物、太极集团、西南制药、莱美药业、华邦健康、桐君阁等医药上市企业为基础,集聚各方力量,推动重庆医药产业更大程度地规模化、集群化和国际化发展,打造万亿规模产业集群,培育出现更多高质量的重庆医药企业。

二是稳步快速布局新兴产业。建议根据国家战略新兴产业发展趋势,以及各行业发展的动态,结合重庆相关产业基础,以西部(重庆)科学城建设为核心,稳步开展科技创新产业的布局,驱动更多有生命力的企业成规模地出现。如聚焦建设国家重要先进制造业中心,促进产业链、创新链深度融合,引领新一代信息技术、新能源、高端装备、新材料、生物技术、绿色环保等战略性新兴产业集群化发展,塑造未来通信、卫星互联网、前沿新材料、后摩尔时代微电子、合成生物等未来产业先发优势,推动产业基础高级化和产业链现代化发展。

三是聚焦创新型中小企业、"专精特新"中小企业、国家专精特新"小巨人"企业(以下统称"专精特新"企业)梯度培育发展。通过加强孵化培育,构建"专精特新"企业生成体系。如支持各类高新技术产业研究院发展,打通"项目遴选、小试中试、产品上市、生成企业"通道;支持有条件的区县、园区面向全国和全球筛选市场前景广、成熟度高、附加值高的科技创新成果进行孵化。通过夯实科技支撑,推动"专精特新"企业持续创新。如支持"专精特新"企业牵头组建产业技术创新联盟,以"揭榜挂帅""赛马"等方式开展产业技术攻关,解决中小企业发展关键技术需求。加大金融支持力度,增强"专精特新"企业发展后劲,优化公共服务,解决"专精特新"企业困难问题。如建立运营好市和区县中小企业公共服务平台体系,提升专项服务能力,在技术创新、智能化绿色化转型、知识产权、市场开拓、合规化建设等方面为"专精特新"企业提供精准高效服务。优化财政政策,增强"专精特新"企业发展动力。整合中央及市级财政资金,对国家专精特新"小巨人"企业给予资金奖励,每年遴选100家左右"专精特新"示范企业进行重点培育,给予重点资金支持。

四是承接产业转移,填补重庆空白产业,提升落后产业发展质量。随着科技革命的不断孕育兴起以及国际经济环境的日益复杂,我国东部地区不少产业面临转移问题,而随着成渝地区双城经济圈建设的持续推进,重庆将以人力成本相对低廉、交通日益便捷等优势,承接可能迁移至越南、印度等国家的许多产业。2019年,国家工信部发布了新版《产业转移指导目录》,目录明确了西部地区优先承接发展的产业。以重庆市为例,产业转移涵盖了电子信息、汽车、机械、智能制造装备、新能源、新材料、轨道交通、船舶及海洋工程装备、航空航天、化工、医药、食品、轻工、纺织、生产性服务业等十五个门类。重庆通过有效举措,不断承接相关产业,将有利于填补重庆部分产业空白及增强部分产业短板,促进相关企业的发展。

(三)不断完善招商政策,引入高质量企业,扩大优质企业队伍

根据重庆产业发展规划,持续完善和调整招商政策,围绕新一代信息技术、新能源及智能网联汽车、高端装备、新材料、生物技术、节能环保等关键领域,建立相关机制,重点聚焦引进一批专注细分市场、创新能力强、质量效益高、产业支撑作用大的企业,引领带动重庆企业高质量发展,促进重庆企业转型升级。

一是打造一支精干的招商引资队伍。招商引资队伍加大具有技术背景、产业背景的技术类人才占比,并及时召开各类学习会、分享会,通过学习产业发展新趋势,分享企业引进成功案例,持续提高招商引资人员的工作能力。

二是重点聚焦引进符合国家产业政策、资本市场导向的企业,加强对"专精特新"企业的引进。企业引进应聚焦优质上市企业、快速发展未上市企业、具有科创属性企业等,并重点突破"专精特新"企业的引进工作,对以上类型企业实施精准引进方式,设立绿色通道,"一企一策"式制定优惠引进政策。

三是通过税收优惠、房租减免、人才政策、科研资助等助力引进企业快速扎根重庆。对于落户重庆的优质企业,在一定期间给予税收减免优惠、产业园租金减免优惠,并提供包括人才公寓、买房补贴、子女教育安排等配套的人才政策,对于有重大科研突破项目,给予专项奖励。并加大对引进企业中长期融资支持力度,鼓励国家开发银行等金融机构为引进企业技术改造和转型升级提供金融支持。各区县要按照"一企一策一人"配备服务专员,为企业解决用地、用工、用能、配套等实际困难,解决企业落户重庆的后顾之忧。

(四)综合运用财政税收政策,降低企业发展和上市成本

一是聚焦上市前企业成本减负,大力推行企业上市的财政支持和奖励政策,增强企业上市意愿。对于符合上市条件企业,上市工作所需的投资银行、会计师事务所、律师事务所的前期费用,在符合公允的市场定价条件下,由政府向中介进行支付,减少企业上市的初期负担。对于一定期间内(比如两年)首发上市的企业,进行额外奖励。同时,对成功上市的企业在一定期间内对企业及其员工,大力减免企业增值税、所得税、个人所得税等税额,加大政策执行的力度及提高效率。特别对在科创板首发上市的企业,给予企业及其保荐机构或保荐团队专项奖励;保荐机构相关子公司参与跟投企业科创板首发上市战略配售的,按照跟投的一定比例给予财政奖励。

二是全面推进挂牌企业的奖励政策。对于在重庆股份转让中心成长板、孵化板、科创板、青创板挂牌的企业,按照不同板块的要求,根据不同公司资质给予一定数额的挂牌奖励。对于重庆股份转让中心挂牌企业通过股权质押、增资扩股等方式进行融资的,按融资总额的一定比例(比如1%)给予财政奖励;对于重庆股份转让中心挂牌企业转板新三板、北交所、沪深交易所、境外交易所上市成功的,给予一定数额的差额财政奖励。全力支持重庆开展区域性股权市场制度和业务创新,同步探索与新三板、交易所等市场的对接机制。另外对新三板挂牌公司按照进入层级(如基础层、创新层)分别进行财政奖励,新三板挂牌公司转板北交所、沪深交易所、境外交易所上市成功的,参照上市

公司的政策,在之前财政奖励的基础上,再进行差额奖励。

三是为降低重庆企业运营成本,建议税务部门根据税收政策,在可行的范围内研究各类举措,为拟上市企业降税减负。如企业改制设立股份公司过程中,对符合税法规定的资本公积转增个人股本的,不征收个人所得税;中小高新技术企业以未分配利润、盈余公积、资本公积向个人股东转增股本,个人股东一次缴纳个人所得税确有困难的,可根据实际情况自行制定分期缴税计划。对个人取得符合条件的非上市公司股权激励所得,实行个人所得税递延纳税政策;对个人取得符合条件的上市公司股权激励所得,适当延长纳税期限。对个人减持上市公司股票的,将市、区级地税收入进行统筹,对个人股东进行大比例的返还。企业改制设立股份公司及企业并购重组过程中,凡符合特殊性重组条件的,可按照特殊性重组相关规定进行企业所得税税务处理。对符合条件的企业重组行为,可按规定享受不征收增值税、免征或减半征收契税、免征印花税、暂不征收土地增值税等相关优惠。

(五)强化金融政策扶持力度,助力创新企业持续壮大

一是建议重庆市金融监管局协调重庆银保监局,引导重庆地区银行、信托等金融机构,适度降低资金成本,为企业的成立和成长提供良好的资金支持,逐步解决中小企业面临的融资难和融资贵等问题(2020年末,全国企业贷款加权平均利率为5.03%,重庆4.76%,浙江4.32%)。同时,引导金融机构不断创新

金融服务方式,为新兴企业提供更加快捷便利高效的融资服务。如重庆银行为加大服务科创产业发展力度,推出"专精特新信用贷""好企知识产权贷"等专属产品,支持科技型企业发展。最新统计数据显示,该行科技型小微企业贷款余额84.8亿元,"知识价值信用贷"余额16.9亿元。此外,重庆银行不断强化科技研发应用,在西部城商行中率先推出全线上小微在线信用贷款产品——"好企贷",累计投放贷款170余亿元,服务小微企业2万余户。

二是建议着力打造重庆私募投资基金聚集高地,助推企业上市及重组融资。可以考虑在北滨路二路延伸段,以高标准规划建设具有特色的重庆基金小镇,招引种子基金、风险投资基金、股权投资基金、创投基金等企业不断落户重庆,促进机构集聚,开展企业和投资机构在信息、资本、人才等方面的高质量合作,有效促进企业成长并上市;引导各类基金参与企业改制、并购重组等工作,加强优秀案例的宣传普及活动;将有成长潜力的企业及时对外公布,各类基金主动对接有前景的企业,进行企业或者项目投资,让企业在资本的敏感性、盈利性、扩张性、竞争性、转化性等带动下快速成长。成立市一级种子/风投基金,加大对科技创新企业的投资力度,提高投资基金投资失败的容忍度,允许投资基金将投资所获超额收益的一定比例让渡给所投资的科技创新企业;同时可以按照股权投资基金资本金和同期商业贷款利息,允许创新创业团队回购政府性股权投资基金所持股权。

三是不断提升激活重庆股份转让中心活力,让重庆股份转

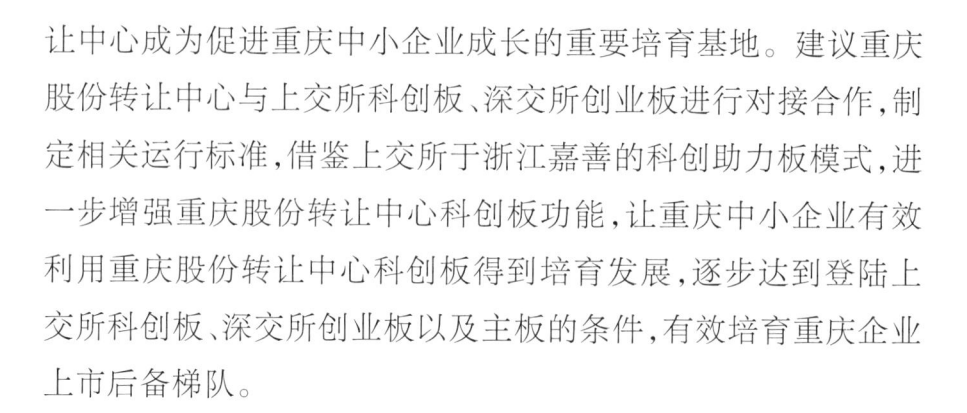

让中心成为促进重庆中小企业成长的重要培育基地。建议重庆股份转让中心与上交所科创板、深交所创业板进行对接合作,制定相关运行标准,借鉴上交所于浙江嘉善的科创助力板模式,进一步增强重庆股份转让中心科创板功能,让重庆中小企业有效利用重庆股份转让中心科创板得到培育发展,逐步达到登陆上交所科创板、深交所创业板以及主板的条件,有效培育重庆企业上市后备梯队。

(六)优化人才政策,提高科研投入,为企业提供人力资源和技术支持

建议重庆人力资源管理部门根据重庆重点产业的发展需求,有计划有针对性地引入专门高级人才,积极支撑企业发展。同时,全面优化人才招引管理办法,按照更加精细化的范围,建立更加有层次的人才引入管理办理,拓宽人才引进范围,强化人才引进政策,持续丰富重庆各层次人才资源。目前,重庆人才引进政策重点聚焦于院士、学科带头人、海外优秀人才等高级人才。而对其他方面人才,如企业高级管理人才、技术性人才以及国内应届优秀毕业生尚未出台更有力度的政策,建议同样纳入人才引进目标群体,为重庆成立新企业、发展优质企业提供更多人才支持。高校应届生引进政策,应积极聚焦于落户绿色通道、生活补助、租房优惠和买房优惠等方面,让更多外地高校毕业生乐于选择来渝就业,减少本地高校毕业生外流,让重庆成为高校毕业生流入高地,通过积累青年人才资源,为重庆发展提供持续不断的支持。对于引进的高级管理、技术人才,可按照人才薪酬的一定比例补贴企业,或者按照一定比例返还个人所得税,以有效鼓励企业引进高水平人才。

同时,持续提升科研支出,加大科研投入,不断引进清华、北大、中科院、专业科研单位以及知名企业来渝设立研究机构,通过高水平研究机构专利成果的输出,创造可观价值。重点是形成重庆技术研发的良好生态,持续提升重庆大学、西南大学、重庆邮电大学等高校的科研实力,努力为本地企业发展提供技术支持。打造以西部(重庆)科学城为主的高校资源、研究资源、实验设备资源以及创新平台的聚集地,助推本地企业建立研发中心,为企业创新发展提供充足技术储备和支持。

五、建立完善企业上市工作体系,合力推进重庆企业快速上市

推动重庆地区企业上市是一项系统化工程,需要企业、地方政府、监管机构、专业机构、媒体机构、社会团体等各方力量全力参与,需要工作机制的完善和有效运行、政府机构的有力引导和支持、中介机构的专业服务、企业的高效参与、媒体和社会团体持续打造上市文化等,只有各方全面主动参与,群策群力,相互配合,才能推动更多企业上市。

(一)持续发掘上市企业标的并着重培育

不断发掘当下重庆地区潜在的优质企业并着重培育上市，是短时间内提升重庆上市企业数量的捷径，也是必要的途径。可以在一段时间内，集中政府部门、监管机构、中介机构等的资源加以扶持，并产生积极效果，建议将此项工作常态开展，并定期调整企业标的。

基于目前我国资本市场上市条件和重庆企业情况，企业筛选情况如下。

1.上市条件

根据中国证监会、上海证券交易所、深圳证券交易所、北京证券交易所以及全国中小企业股份转让系统发布的企业上市文件，主板、创业板、科创板、北交所和新三板的上市及挂牌条件如下(见表16):

企业首先要满足对应的盈利指标要求，其次需要关注同业竞争、关联交易等可能影响企业独立持续经营的因素。

表16 企业A股上市条件

条件	主板	创业板	科创板	新三板（创新层）	北交所
主体资格	依法设立且合法存续的股份有限公司	依法设立且持续经营3年以上的股份有限公司	依法设立且持续经营3年以上的股份有限公司	依法设立且持续经营2年以上的股份有限公司	在全国股转系统连续挂牌满12个月的创新层挂牌公司

续表

条件	主板	创业板	科创板	新三板（创新层）	北交所
经营年限	3年以上	3年以上	3年以上	2年以上	2年以上
盈利要求	(1)最近3个会计年度净利润均为正数且累计超过人民币3 000万元，净利润以扣除非经常性损益前后较低者为计算依据	满足下列之一： (1)最近两年净利润均为正，且累计净利润不低于5 000万元	满足下列之一： (1)预计市值不低于人民币10亿元，最近两年净利润均为正且累计净利润不低于人民币5 000万元，或者预计市值不低于人民币10亿元，最近一年净利润为正且营业收入不低于人民币1亿元	满足下列之一： (1)最近两年净利润均不低于1 000万元，最近两年加权平均净资产收益率平均不低于8%，股本总额不少于2 000万元	满足下列之一： (1)预计市值不低于2亿元，最近两年净利润均不低于1 500万元且加权平均净资产收益率不低于8%，或者最近一年净利润不低于2 500万元且加权平均净资产收益率不低于8%

续表

条件	主板	创业板	科创板	新三板（创新层）	北交所
盈利要求	(2)最近3个会计年度经营活动产生的现金流量净额累计超过人民币5 000万元；或者最近3个会计年度营业收入累计超过人民币3亿元	(2)预计市值不低于10亿元，最近一年净利润为正且营业收入不低于1亿元	(2)预计市值不低于人民币15亿元，最近一年营业收入不低于人民币2亿元，且最近3年累计研发投入占最近3年累计营业收入的比例不低于15% (3)预计市值不低于人民币20亿元，最近一年营业收入不低于人民币3亿元，且最近3年经营活动产生的现金流量净额累计不低于人民币1亿元	(2)最近两年营业收入平均不低于6 000万元，且持续增长，年均复合增长率不低于50%，股本总额不少于2 000万元 (3)最近有成交的60个做市或者集合竞价交易日的平均市值不低于6亿元，股本总额不少于5 000万元；采取做市交易方式的，做市商家数不少于6家	(2)预计市值不低于4亿元，最近两年营业收入平均不低于1亿元，且最近一年营业收入增长率不低于30%，最近一年经营活动产生的现金流量净额为正 (3)预计市值不低于8亿元，最近一年营业收入不低于2亿元，最近两年研发投入合计占最近两年营业收入比例不低于8%

续表

条件	主板	创业板	科创板	新三板（创新层）	北交所
盈利要求		(3)预计市值不低于50亿元,且最近一年营业收入不低于3亿元	(4)预计市值不低于人民币30亿元,且最近一年营业收入不低于人民币3亿元		(4)预计市值不低于15亿元,最近两年研发投入合计不低于5 000万元
			(5)预计市值不低于人民币40亿元,主要业务或产品需通过国家有关部门批准,市场空间大,目前已取得阶段性成果。医药行业企业需至少有一项核心产品获准开展二期临床试验,其他符合科创板定位的企业需具备明显的技术优势并满足相应条件		

续表

条件	主板	创业板	科创板	新三板（创新层）	北交所
资产要求	最近一年期末无形资产（扣除土地使用权、水面养殖权和采矿权等）占净资产的比例不高于20%	最近一年期末净资产不少于2 000万元	无要求	最近一年期末净资产不为负值	最近一年期末净资产不低于5 000万元
股本要求	发行前股本总额不少于人民币3 000万元；发行后股本总额不少于人民币5 000万元	企业发行后的股本总额不少于3 000万元	发行后股本总额不低于人民币3 000万元	公司股票市值不低于6亿元，股本总额不少于5 000万元，做市商家数不少于6家，且做市商做市库存股均通过该次定向发行取得	发行后，公司股本总额不少于3 000万元；公司股东人数不少于200人，公众股东持股比例不低于公司股本总额的25%；公司股本总额超过4亿元的，公众股东持股比例不低于公司股本总额的10%

196

续表

条件	主板	创业板	科创板	新三板（创新层）	北交所
主营业务要求	最近3年内主营业务没有发生重大变化	发行人应当主营业务突出。同时，要求募集资金只能用于发展主营业务	根据《关于在上海证券交易所设立科创板并试点注册制的实施意见》，科创板重点支持新一代信息技术、高端装备、新材料、新能源、节能环保以及生物医药等高新技术产业和战略性新兴产业，推动互联网、大数据、云计算、人工智能和制造业深度融合。最近2年内主营业务未发生重大不利变化	可同时经营一种或多种业务（对各种业务的营业收入比重和利润比重无要求）	可同时经营一种或多种业务（对各种业务的营业收入比重和利润比重无要求）
董事及管理层	最近3年内没有发生重大变化	最近2年内未发生重大变化	最近2年内董事、高级管理人员及核心技术人员均没有发生重大不利变化		最近2年内未发生重大变化

续表

条件	主板	创业板	科创板	新三板（创新层）	北交所
实际控制人	最近3年内实控人未发生变更	最近2年内实控人未发生变更	最近2年实控人没有发生变更		最近2年没有发生变更
同业竞争	发行人与控股股东、实际控制人及其控制的其他企业间不得有同业竞争	发行人与控股股东、实际控制人及其控制的其他企业间不存在同业竞争	控股股东、实际控制人及其控制的其他企业间不存在对发行人构成重大不利影响的同业竞争		控股股东、实际控制人及其控制的企业不得在公司上市后新增影响公司独立持续经营的同业竞争
关联交易	不得有显失公平的关联交易，关联交易价格公允，不存在通过关联交易操纵利润的情形	不得有严重影响公司独立性或者显失公允的关联交易	不存在严重影响独立性或者显失公平的关联交易		不得有显失公平的关联交易，关联交易价格公允，不存在通过关联交易操纵利润的情形

续表

条件	主板	创业板	科创板	新三板（创新层）	北交所
募集资金用途	应当有明确的使用方向，原则上用于主营业务	1.符合国家产业政策和环境保护、土地管理等法律、行政法规有关规定 2.除金融类企业外，该次募集资金使用不得为持有财务性投资，不得直接或者间接投资于以买卖有价证券为主要业务的公司 3.募集资金项目实施后，不会对控股股东、实际控制人及其控制的其他企业新增构成重大不利影响的同业竞争、显失公平的关联交易，或者严重影响公司生产经营的独立性	在发行条件中未明文规定，在科创板上市规则"其他"部分中，对募集资金要求如下：上市公司发行股份募集的资金应当用于主营业务，重点投向科技创新领域，不得直接或间接投资与主营业务无关的公司	应当有明确的使用方向，原则上用于主营业务	应当有明确的使用方向，原则上用于主营业务。暂时闲置的募集资金可以进行现金管理，投资于安全性高、流动性好、可以保障投资本金安全的理财产品

资料来源：国内交易所发布的文件

2. 上市行业判断

《首次公开发行股票并上市管理办法》明确规定,发行人的生产经营须符合法律、行政法规和公司章程的规定,并符合国家产业政策。国家产业政策通常根据国家发改委发布的《产业结构调整指导目录》确定,其中包括限制类、淘汰类及国家专项宏观调控的行业。根据最新的指导目录,存在上市限制的行业包括:

(1)"两高一资"行业,即"高耗能、高污染和资源性"行业,主要分布在钢铁、水泥、造纸、化工、火电、电镀、印染、制革、有色冶炼、平板玻璃、焦化等14个行业;

(2)网络游戏、类金融、影视、K12教育、房地产等行业;

(3)法律、政策对相关业务存在特别制约的,如国家风景名胜区的门票经营业务、报刊等媒体采编业务;

(4)因保密要求,无法履行信息披露最低标准的业务。

3. 上市企业标的选择

根据上述上市条件以及行业判断标准,课题组分析了重庆企业的发展情况,并结合重庆市关于"专精特新"梯度培育发展的相关计划(到2025年,全市创新型中小企业达到2.5万家,市级"专精特新"中小企业达到2 500家,国家专精特新"小巨人"企业达到300家,新增上市企业25家的规划),课题组选出了27家相对优质的企业(见表17),这些企业分布于医药、高端制造业、电子信息、现代服务等行业,均不属于国家产业政策规定的限制类、禁止类和淘汰类行业,可以考虑作为下一阶段重庆重点培育的上市企业。

表17 重点推荐上市后备企业一览

序号	公司名称	所属行业	注册地址	主要业务	推荐理由
1	重庆恒都农业集团有限公司	畜牧业	重庆市丰都县高家镇新区(食品工业园区)	重庆恒都农业集团有限公司是一家牲畜养殖加工商,集品种繁育、肉牛养殖、饲料生产、活牛交易、屠宰及精深加工于一体,主要从事牛肉加工、养殖和产品销售等业务。产品包括:牛肉系列、火锅食材系列、牛排系列、熟食系列、休闲食品系列、方便食材系列、牛副产品系列等	1.科技研发能力强。引进行业高端人才,通过与权威机构合作,组建了以重庆市首席肉牛专家为首的技术团队,建成了国家肉牛牦牛产业技术体系丰都综合试验站。目前,已成功探索出"红安格斯—西门塔尔—本地牛"三元杂交、"秦川—日本和牛"二元杂交技术路线,并投资5 000余万元建成肉牛原种祖代繁育场和肉牛科技研发工程技术研究基地,以确保企业占据整个产业发展的制高点 2.基地养殖规模大。在重庆丰都、重庆梁平、河南泌阳、内蒙古赤峰建成进境肉牛隔离场2个、肉牛良种繁育场2个、标准化育肥场11个,肉牛存栏总量达15万头,构建形成了以重庆为中间轴、带动周边、辐射多市的集团化经营格局。同时规模化牛场均配备设备设施,推广健康养殖方式,配套电子化记录和监控管理,标准化养殖技术先进,牛肉品质跻身行业前列

续表

序号	公司名称	所属行业	注册地址	主要业务	推荐理由
1	重庆恒都农业集团有限公司	畜牧业	重庆市丰都县高家镇新区(食品工业园区)	重庆恒都农业集团有限公司是一家牲畜养殖加工商,集品种繁育、肉牛养殖、饲料生产、活牛交易、屠宰及精深加工于一体,主要从事牛肉加工、养殖和产品销售等业务。产品包括:牛肉系列、火锅食材系列、牛排系列、熟食系列、休闲食品系列、方便食材系列、牛副产品系列等	3.屠宰加工能力强。已在重庆丰都、河南泌阳建成2座应用工艺先进的肉牛屠宰加工厂和1个精深加工厂,年屠宰加工肉牛能力达20万头,年生产牛肉5万吨,产品在同类行业中具有竞争力和市场影响力 4.市场营销网络多样化。一是在大城市建成商、超终端3 500家;二是发展酒店销售渠道,与希尔顿、戴斯、万豪等酒店合作发展直供货源门店达100家;三是建成社区销售网点1 000个;四是入驻电商平台5家,发展微商2 000个;五是努力成为中国内地南方地区供港冰鲜牛肉的指定企业,产品销至各市并销至香港 5.形成澳牛进口模式。与澳方出口企业达成了每年20万头出口量的协议
2	植恩生物技术股份有限公司	医药制造业	重庆市九龙坡区高新大道28号	公司专注于代谢系统、中枢神经系统、呼吸系统和心脑血管等类型药物的研发、生产和销售,拥有多个国内首仿和独家产品及多个中美双报品种	1.科技研发能力强,成果显著。公司获批成立了"重庆市手性药物工程技术研究中心""重庆市新药设计工程技术研究中心""重庆市博士后科研工作站";并与重庆大学联合共建国家级"药物先进制造技术国家地方联合工程研究中心"。

续表

序号	公司名称	所属行业	注册地址	主要业务	推荐理由
2	植恩生物技术股份有限公司	医药制造业	重庆市九龙坡区高新大道28号	公司专注于代谢系统、中枢神经系统、呼吸系统和心脑血管等类型药物的研发、生产和销售，拥有多个国内首仿和独家产品及多个中美双报品种	目前已形成的产业成果有：新药证书33项、生产批件51项、国外发明专利11件（其中美国2件、欧洲2件、日本1件、韩国2件、印度1件）、国内发明专利36件 2.市场表现情况较好。原料药出口国家超过50个，B端业务覆盖超10万家，C端服务用户超500万人；其中，奥利司他产品（原料+制剂）已排名全球第一，"雅塑"等奥利司他胶囊品牌销售总额超过14亿元 3.生产基础设施成熟。研发基地建筑面积超过1.1万平方米，生产基地占地总面积超13万平方米。其中长寿原料药生产基地占地面积8.2万平方米，金凤制剂生产基地占地面积4.9万平方米。原料药产能超过百吨，制剂生产线覆盖常释及缓控释胶囊剂、颗粒剂、片剂等剂型 4.重视国际科研合作关系。为加快在医药产业全领域的布局，公司以"国际先进制造能力+非营利性的研究和评价组织+生物医药转化专项基金"为主线打造三大支撑平台，快速提升本地医药产业的高水平发展

续表

序号	公司名称	所属行业	注册地址	主要业务	推荐理由
3	重庆毛毛虫电子商务有限公司	互联网和相关服务	重庆市北部新区栖霞路18号	互联网营销	1.利用大数据为企业智能运营赋能,从品牌定位到影响目标受众的认知、态度和观点,再到最终促进企业品牌形象的提升和销售的增加,帮助客户一步步地取得竞争优势和商业成功 2.为众多知名品牌服务,与五粮液、水井坊、雅迪电动车、方太、飞利浦、松下、夏普、乐扣等建立了长期战略合作关系
4	重庆渝江压铸有限公司	机械制造	重庆市北部新区大竹林镇	汽车、摩托车通用汽油机等铝合金零配件	1.科技研发能力强,生产能力优秀。公司成立于1992年,专注生产铝合金压铸产品,已发展成为集自主研发、设计、模具制造、压铸生产、机加工、装配于一体的民营企业,具有年产5万吨铝合金压铸件和年产5万吨机加产品的生产能力 2.市场表现优秀。业务遍布亚洲、欧洲、北美等多个国家和地区,在德国、美国设有事务所

续表

序号	公司名称	所属行业	注册地址	主要业务	推荐理由
5	重庆五洲世纪文化传媒有限公司	商务服务业	重庆市九龙坡区龙江路10号	主营图书策划与发行、文化艺术交流策划、教育信息化建设、教学仪器及设备研发等业务	1.市场表现能力好。已累计策划发行图书十亿余册,惠及读者上亿人,策划发行的"五洲作文""国学经典""智慧鹰幼教"等品牌深受读者喜爱 2.坚持创新驱动发展。重庆五洲世纪文化传媒有限公司积极探索数字出版,将传统出版物与AR、VR等新科技及互联网、大数据深度融合,以"大文创IP"运作模式,开发文创产品及线下体验店;整合上下游资源,投资建设西南馆配中心,为消费者提供更多阅读选择及多元文化服务 3.企业认可度较高。公司先后荣获重庆市全民阅读示范单位、中国最具竞争力民营企业、中国民营书业实力品牌机构、全国诚信经营示范单位、现代服务业十强企业等多项荣誉

续表

序号	公司名称	所属行业	注册地址	主要业务	推荐理由
6	中国船舶重工集团海装风电股份有限公司	通用设备制造业	重庆市北部新区经开园金渝大道30号	国家海上风力发电工程技术研究中心平台建设单位，专业从事风电装备研制及其系统总成、风电场工程技术服务和新能源投资开发的高新技术企业	1.行业地位稳定。中国海装是"全球新能源企业500强"，正在为190多个风场提供优质运维服务，能为全球客户提供整体解决方案。2.战略布局广泛。在国内先后布局了八大总装基地（重庆、内蒙古、新疆、敦煌、江苏、云南、大连、晋城）；在海外布局了欧洲研发中心和北美总装维护基地，形成了"南北布局、陆海并举、国内外市场并进"发展格局 3.核心优势强。拥有雄厚的科研支撑和政策支持，是中国船舶重点发展的支柱企业，在中国船舶集团内打造了"两大产业链"，始终引领着行业内2兆瓦陆上风电的新品开发，其装机容量名列前茅，也是国内唯一能够提供5兆瓦级别海上风电机组3年以上运行数据的风电整机厂商

续表

序号	公司名称	所属行业	注册地址	主要业务	推荐理由
7	重庆艾艺荷马教育科技股份有限公司	文教、工美、体育和娱乐用品制造业	重庆市沙坪坝区土主镇月台路18号	以素质教育、高考培训、学历教育、职业教育为主营业务,开展美术教育教学研发、配套教育软件开发、教学设施研发等相关项目,是专注于美育智慧教育的科技集团	1.业务能力强。艾艺荷马累计为国内九大美院及全国31所重点院校输送艺术专业人才近万人。历年来美术艺考成绩突出,学校本科过线率达到99.2%或以上,九大美院过线率超过62%,连续12年取得四川美术学院学科状元 2.注重新式教学的研发与创新。艾艺荷马以17年的美术教育经验、优秀的教学成果和雄厚的美术课程教研能力为基础,进行美术教育课程与互联网互动教学的研发,教研内容包括中小学艺术兴趣课程、高中美术基础课程、美术高考,打造覆盖全龄段的素质教育平台,以面授、图书、网校三位一体的教学体系,提升孩子的美术素养 3.团队实力较强。艾艺在线是国内艺术在线教育的先行者,拥有广泛社会优质美育资源和专业的在线名师团队

续表

序号	公司名称	所属行业	注册地址	主要业务	推荐理由
8	重庆海特能源投资有限公司	商务服务业	重庆市渝北区龙溪街道松牌路523号	汽车环保部件制造、清洁能源、专用车制造	1.经营规模较大。集团总部设在重庆,下属30多家全资控股子公司,分布在重庆、江苏、山东、安徽、湖南、江西、贵州、河北、北京、新疆等地 2.三大板块综合实力强。公司业务主要包括汽车环保部件制造、清洁能源、专用车制造三大产业,三大主营板块齐头并进,在科技研发、市场表现上都拥有良好的发展态势 3.在发展的同时注重研发、质量与社会效益
9	重庆秦嵩科技有限公司	软件和信息技术服务业	重庆市渝北区仙桃街道数据谷中路103号	为用户提供强大的信号处理、数据处理、数据采集记录存储、主控计算机等各类硬件模块及系统平台解决方案。秦嵩科技致力于智能探测与识别、超宽带智能电子对抗与仿真等高技术领域产品的研究与运用	1.团队专业性强。团队具有多年各类软硬件设计开发经验,长期服务于高性能的数据记录处理存储、信号处理、I/O接口交换等系统级的解决方案 2.发展潜力较大。致力于打造一流的高科技创新企业,跟踪世界最新信号处理技术、大力推动及发展自主可控技术应用

续表

序号	公司名称	所属行业	注册地址	主要业务	推荐理由
10	重庆德庄农产品开发有限公司	食品制造业	重庆市南岸区电长路10号	火锅底料、鱼调料、多种辣椒制品等品类	1.企业规模稳定。集团下辖6家子公司、拥有2万余名员工、3大现代化食品加工基地、1所研究所、1所培训学校、1个技术中心 2.市场表现能力优秀。在全球现有近1 000家餐饮门店,产品销售网点遍布全国各地,并远销欧美、东南亚等16个国家和地区 3.品牌影响力较大。公司拥有的"德庄大火锅"品牌闻名遐迩,曾代表重庆火锅多次参加国际盛会。先后荣获农业产业化国家重点龙头企业、商务诚信建设试点工作先进单位等荣誉 4.公司坚持科技创新。现拥有10余项国家专利,7项标准和1项认证。于2000年研发出生物酶嫩化技术,获得中国商业联合会科技进步奖,成功推出德庄毛肚、水三脆毛肚等系列食品,彻底解决"火锅毛肚"安全的问题,引领行业革新

续表

序号	公司名称	所属行业	注册地址	主要业务	推荐理由
11	重庆东星炭素材料有限公司	废弃资源综合利用业	重庆市秀山县龙池镇美萃村	主要从事石墨材料及制品研发、生产、销售;炭电极及制品研发、生产、销售;石墨烯、锂电池负极材料研发、生产、销售;炭纤维材料研发、生产、销售	1.生产能力较强。重庆东星炭素材料有限公司作为全球领先的大型炭电极生产厂家之一,年产炭电极4.5万吨,产品合格率达到99.5%以上 2.科技研发能力较强。公司获国家级专利3项,2016年公司被评选为"国家高新技术企业" 3.位置优越,交通便利。公司(厂区)占地313亩,地处重庆市秀山土家族苗族自治县,国道319线旁,距离秀山高速、火车站仅12公里
12	重庆易宠科技有限公司	互联网业	重庆市渝北区卉竹路2号10幢1-3层1号	旗下网络购物平台E宠商城上线于2009年,是行业最大的B2C(企业对消费者电子商务)宠物行业平台。先后与海内外知名宠物品牌商或其代理商合作,向中国养宠家庭提供正品保障的宠物用品。拥有自营物流和仓储体系的宠物行业电商平台	1.品牌影响力较大。国际顶级宠物品牌进入中国首选合作平台,累计与全球1 300多家宠物品牌合作,其中近50%为进口品牌,线上商品超6万种,是数十个国际顶级宠物品牌的国内总代理

续表

序号	公司名称	所属行业	注册地址	主要业务	推荐理由
12	重庆易宠科技有限公司	互联网业	重庆市渝北区竹卉路2号10幢1-3层1号	旗下网络购物平台E宠商城上线于2009年,是行业最大的B2C宠物行业平台。先后与海内外知名宠物品牌商或其代理商合作,向中国养宠家庭提供正品保障的宠物用品。拥有自营物流和仓储体系的宠物行业电商平台	2.供应链体系成熟。易宠目前与国内300多个品牌、海外50多个品牌建立合作关系,在重庆、杭州、金华义乌、海南等多地拥有跨境仓储体系 3.坚持技术驱动。研发人数超100人,公司系统与软件均为原创研发,现拥有专利、软著(计算机软件代码著作权)逾100项,拥有大数据、人工智能方面的一支优秀技术团队,让技术创新惠及行业所有用户 4.市场表现力优秀。易宠旗下的B2B(企业对企业电子商务)平台累计合作门店超过30 000家,高端宠物店合作率高于80%,覆盖超300个城市 5.产业互联。整合上游工厂、品牌商家、线下门店、专业人士、宠物家庭资源,形成完整的宠物数字化经济平台

续表

序号	公司名称	所属行业	注册地址	主要业务	推荐理由
13	博拉网络股份有限公司	互联网和相关服务	重庆市渝北区金开大道西段106号17幢	通过"大数据+技术产品+应用服务"的业务模式,为企业客户提供技术开发服务和大数据应用服务(主要包括数据分析咨询、数据采集和管理、增值运营服务,以及大数据在数字营销、电子商务、客户关系管理等应用场景的行业解决方案),帮助实体企业构建大数据资产和智能应用平台,推动实体企业逐步实现以数据为驱动力的数字化转型升级	1.行业地位领先。目前公司的数字商业产品已服务了国内外大量大中型品牌企业,积累了丰富的客户资源和服务案例,奠定了在企业大数据服务领域的领先地位 2.市场渠道丰富。公司已初步构建了以重庆为总部,辐射北京、上海、广州一线中心城市的全国性营销网络,积累了较为丰富的区域市场渠道拓展经验 3.公司团队实力强大,具备深厚的互联网产品技术底蕴。在搜索引擎、数据采集和语义分析、信息挖掘技术方面积累了丰富的经验和技术实力,为公司以大数据为核心的技术产品研发和创新奠定了基础

续表

序号	公司名称	所属行业	注册地址	主要业务	推荐理由
14	重庆蓝洁自来水材料有限公司、重庆蓝洁广顺净水材料有限公司	化学原料和化学制品制造业	重庆市九龙坡区白市驿镇观音阁街98号	城市污水除磷和污泥脱水化学品的研发和产业化生产	1.生产规模稳定。公司现有3个生产基地,以及1个中转库房。广顺公司占地面积30亩,生产规模为年产5万吨固体聚氯化铝、6万吨液体聚氯化铝 2.有良好的科研技术支持。公司与重庆大学、重庆水务集团等建立了良好的长期合作伙伴关系,长期致力于饮用水、城市污水、工业废水方面水处理药剂的产品开发、生产及深度应用。申报的专利共计120项 3.市场占有率较高。公司自成立以来,发展迅速,目前已拥有各类客户500余户,且客户资信度较好,为公司的发展提供了有利条件。其中,在重庆市场占有率在90%以上,在云、贵、川县级以上自来水公司拥有较高的市场占有率

续表

序号	公司名称	所属行业	注册地址	主要业务	推荐理由
15	重庆中科超容科技有限公司	电子元器件与机电组件设备制造	重庆市九龙坡区凤笙路15号	先进高功率储能器件超级电容的研究、开发、生产和销售,为合作公司提供低成本、高能效、绿色环保的蓄能和输电解决方案以及其他各类储能技术服务	1.团队专业性强。公司由留美学者、中科院"百人计划"研究员刘双翼及其团队、中国科学院重庆绿色智能技术研究院、重庆石墨烯研究院共同创立,重庆高新区金凤电子产业园、重庆产业引导基金子基金贝信资本投资 2.科技研发能力强。作为高功率储能技术的引领者和开拓者,目前公司拥有性能全球领先的超级电容产品及其全部知识产权
16	重庆宇隆光电科技股份有限公司	半导体与半导体生产设备	重庆市北碚区水土新区高新技术产业园云汉大道5号	液晶产品用各类控制板、电源板、背光LED灯条、柔性线路控制板等产品的研发、加工和销售	1.规模大、实力强,公司目前正处于高速发展期。公司拥有北京、重庆、福州、合肥、西安、武汉六大生产基地,8家子公司,员工总人数近3 000人 2.市场表现能力好。公司目前年生产销售显示控制板超过1亿片,是国内最大的液晶显控板厂商,已先后与京东方、华星光电、和辉光电、长鑫存储等行业标杆企业达成了战略合作 3.公司研发优势显著,在国内率先实现了OLED显控板系列产品的批量生产和交付,替代国外进口

续表

序号	公司名称	所属行业	注册地址	主要业务	推荐理由
16	重庆宇隆光电科技股份有限公司	半导体与半导体生产设备	重庆市北碚区水土高新技术产业园云汉大道5号	液晶产品用各类控制板、电源板、背光LED灯条、柔性线路控制板等产品的研发、加工和销售	4.未来发展潜力较大。为打造总部基地和研究开发中心,现重庆总部二期工程项目正在紧张建设中。项目建成后会新增40条OLED用控制板生产线和数条液晶模组控制板生产线,将实现年产OLED用控制板5 000万片、液晶模组控制板1 200万片的产量
17	重庆耐德新明和工业有限公司	机械制造	重庆市巴南区界石镇石佛路8号	主要从事流体(油气)测控装备、燃气设备、环境机械、汽车减震器等产品的研发、制造和技术集成,长期为石油天然气、化工、市政环卫以及汽车制造商提供专业解决方案、产品和服务	1.技术地位领先。重庆耐德新明和工业有限公司于2006年引进了日本新明和工业株式会社拉臂钩、环卫车辆、大型垃圾压缩转运站等专有技术,为中国市政环卫部门提供全面的城市垃圾收运解决方案,其独有的"换位门"技术彻底解决了垃圾转运中的"抛、冒、滴、漏"和二次污染问题,在国内垃圾压缩转运站设备方面保持技术领先地位,其产品与集成技术处于世界一流水平 2.市场表现能力好。公司年产值已突破6亿元,产品在性能指标、品质以及档次上,均达到国内一流企业水平,市场规模和市场占有率在国内垃圾中转站成套设备行业居于领先地位

续表

序号	公司名称	所属行业	注册地址	主要业务	推荐理由
18	重庆市云日信息技术有限公司	软件和信息技术服务业	重庆市渝中区中山二路174号	信息服务外包（数据加工服务外包、呼叫中心服务外包）、软件外包（欧美外包、对韩外包）、云计算应用等	1.公司团队实力强大。云日信息拥有一支精通专业、具有海外背景、富有创新意识和丰富经验的执行团队，公司成立以来与IBM、汉王科技、华唐教育、北京云加速等国内外实力机构，以及与大中专院校及知名专家保持着良好合作关系，拥有丰富的人力资源和不断推出新技术及行业解决方案的能力 2.云日信息坚持"资源整合、合作多赢"的经营理念。通过国际合作、校企合作、企业合作等资源整合手段，深度参与国内外信息服务外包产业链的整合与实践，致力于打造国内领先的信息技术应用、服务外包及产业融合的创新平台和孵化平台 3.多元化发展。云日产业集团下成立了生态农业、电子商务、人力资源以及创业商务职业培训等多元化发展子公司

续表

序号	公司名称	所属行业	注册地址	主要业务	推荐理由
19	重庆攸亮科技股份有限公司	软件和信息技术服务业	重庆市南岸区牡丹路2号	提供智能交通系统解决方案	1.公司综合实力强大。公司自建科技园区近15 000平方米，员工总数200余人，其中70%为研发、技术人员，是国家级高新技术企业、国家信息产业基地龙头企业等，获得30余项发明和实用新型专利，60余项软件著作权 2.市场表现能力优秀。公司市场区域覆盖范围广，遍及国内20多个省市及东南亚国家,连续多年营收快速增长
20	重庆海扶医疗科技股份有限公司	保健护理产品经销商	重庆市北碚区京东方大道359号	聚焦超声治疗良、恶性肿瘤，妇科常见病，康复保健三大系列、十多种型号高端医疗设备	1.坚持走源头创新之路。该公司在全球率先突破了聚焦超声消融手术(FUAS)治疗肿瘤的关键核心技术,于1999年研制出我国具有完全自主知识产权的大型医疗器械海扶刀聚焦超声肿瘤治疗系统; 2002年,该设备出口英国牛津大学,开"中国创造"的大型高端医疗设备出口发达国家之先河,并于2005年通过欧盟CE认证,是全球获得该项认证的超声监控、从体外对体内进行治疗的FUAS肿瘤治疗设备之一

217

续表

序号	公司名称	所属行业	注册地址	主要业务	推荐理由
20	重庆海扶医疗科技股份有限公司	保健护理产品经销商	重庆市北碚区京东方大道359号	聚焦超声治疗良、恶性肿瘤,妇科常见病,康复保健三大系列、十多种型号高端医疗设备	2.海扶医疗技术成果居世界领先水平。该公司已自主开发出聚焦超声治疗良、恶性肿瘤,妇科常见病,康复保健三大系列、十多种型号高端医疗设备,并已取得41个国家和地区的市场准入证,已出口英国、意大利、西班牙、俄罗斯、沙特阿拉伯、德国、古巴、南非、阿根廷等国,在"一带一路"北中南三条主线的28个国家、地区的医疗机构,建立了60余家聚焦超声治疗中心 3.产品认可度高。目前,在全球治疗良、恶性肿瘤等患者数量众多,其临床安全性和有效性通过了二十多个国家临床验证,相关临床成果在 Nature 系列杂志上公开评述,BBC 亦多次做出专题报道
21	重庆宇海精密制造股份有限公司	计算机	重庆市璧山区璧泉街道聚金大道1号	笔记本电脑、电脑一体机、办公设备、智能家电、汽车等成套大小件塑胶外壳及零配件	1.科技研发能力强。宇海精密是国家高新技术企业,西南地区内资企业中产能大、工艺全、技术强的一家笔记本电脑注塑配套企业,目前掌握了行业的核心技术,已取得了2项发明专利,24项实用新型专利

续表

序号	公司名称	所属行业	注册地址	主要业务	推荐理由
21	重庆宇海精密制造股份有限公司	计算机	重庆市璧山区璧泉街道聚金大道1号	笔记本电脑、电脑一体机、办公设备、智能家电、汽车等成套大小件塑胶外壳及零配件	2.市场表现能力好。该企业系戴尔、HP(全球五百强企业)笔记本电脑外壳板块西南地区仅有的两家A级供应商之一,也是英业达、纬创、广达等全球知名五百强企业的重要供应商及合作伙伴 3.行业认可度高。宇海精密2016年当选重庆市模具工业协会副会长单位、2019年荣获"2019全国电子信息行业优秀企业"称号,是2019年度璧山优秀创新企业,系"大足区工业20强"。已通过ISO9001质量管理体系与ISO14001环境管理体系、OHSAS18001职业健康安全管理体系、EICC电子行业行为准则、QC080000有害物质过程管理体系认证
22	重庆宗申通用动力机械有限公司	通用机械	重庆市巴南区炒油场	通用汽油机、小型发电机组、高压清洗机、水泵、舷外机、电动配件和农林机械产品	1.研发实力雄厚。宗申通机现拥有34间现代化实验室,120套大型实验仪器,5套排放测试仪,采用IATF16949质量管理体系标准为指导建立研发体系 2.客户全球化。宗申通机公司产品远销北美、欧洲、非洲、亚洲等70多个国家和地区,与多家国内外知名公司建立长期稳定的合作关系,是中国颇具影响力的通用动力及通用机械制造商

续表

序号	公司名称	所属行业	注册地址	主要业务	推荐理由
23	重庆大江动力设备制造有限公司	通用机械	重庆市璧山区青杠街道工贸区内	大江动力产品主要分为两大系列。一是以汽油或者液化气、天然气等清洁燃料为动力源的内燃发动机及其终端产品;二是以新能源锂电池及电机电控核心技术为基础的新能源产品及智能化产品	1.知识产权优势明显。大江动力产品关键性能指标、能耗指标与国际国内领先水平持平,产品主要加工工艺、技术优于国际国内领先水平。拥有142名技术工程师,目前已经申请和获得专利近300项,其中发明近50项,是国家知识产权优势企业 2.行业竞争优势明显。大江动力为福特公司户外动力产品战略合作伙伴。2020年大江动力公司获工信部2020年专精特新"小巨人"企业认定,2021年度再获重庆市"专精特新"中小企业"小巨人"称号。同时,大江动力公司入选重庆市首批设计引领示范企业;大江动力公司"多燃料发电机排放技术实验室"获批成为"2021年度重庆市工业和信息化重点实验室"
24	重庆宗申机车工业制造有限公司	机械制造	重庆市巴南区渝南大道126号	燃油摩托车、电动摩托车的研发生产,同时生产销售摩托车零部件、汽车零部件、IT零部件等	1.产业链齐全。宗申机车具备年产燃油摩托车、电动摩托车和三轮摩托车400万辆、关键零部件700万件的生产能力。产品涵盖了9大系列数十个品种

续表

序号	公司名称	所属行业	注册地址	主要业务	推荐理由
24	重庆宗申机车工业制造有限公司	机械制造	重庆市巴南区渝南大道126号	燃油摩托车、电动摩托车的研发生产,同时生产销售摩托车零部件、汽车零部件、IT零部件等	2.产品质量过硬。宗申机车是行业内首先将ISO9001(质量管理体系)、ISO14001(环境管理体系)、OHSAS18001(职业健康安全管理体系)进行整合,形成一体化管理体系的企业,并顺利通过认证取得了欧洲EC、美国EPA质量体系认证
25	重庆平伟汽车科技股份有限公司	模具制造	重庆市北部新区礼嘉镇礼洁路20号	大型汽车外覆盖件(侧围、翼子板、四门三盖)、铝镁合金、高强度钢板、热成型等模具的研发和制造	1.综合实力强。公司拥有400余人的研发团队,具有独立完成整车模具工装开发,车身工程设计,内外饰零部件的设计、研发到量产供货能力。制造工厂拥有13套大型模具自动化加工中心。年产值逾50亿元 2.行业认可度高。平伟汽车主要客户有福特、捷豹路虎、奔驰、宝马、马自达、上通五菱、海斯坦普等,顺利通过了"VDA6.4""IATF16949""ISO14001"等多项体系认证,获得"重庆市高新技术企业""重庆市企业技术中心""中国重点骨干模具企业"等众多称号

续表

序号	公司名称	所属行业	注册地址	主要业务	推荐理由
26	重庆天箭惯性科技股份有限公司	专用仪器制造	重庆市渝北区知新路18号	惯性导航系统、光学控制系统等研发、生产、服务和销售	科研能力强。近年来承接国家科研项目2项,参与国家重点项目30余项,拥有发明专利、外观专利、实用新型专利、查新技术共计50余项
27	重庆华数机器人有限公司	工业机器人	重庆市北碚区云汉大道117号	3C、家电、厨具、玻璃、食品、制鞋和锂电等细分领域的工业机器人、创新性新结构机器人和工业级协作机器人研发制造	1.重庆华数机器人为上市公司华中数控和重庆科技风险投资有限公司、重庆两江新区创新创业投资发展有限公司共同成立的高新技术企业,目前已取得45项发明专利,44项实用新型专利,母公司华中数控目前在3C和厨卫专业机器人行业已占据细分领域龙头地位 2.业务增长迅速。2020年度营业收入1.1亿元,净利润为343万元,与2019年同期相比大幅增长,市场开拓成效明显 3.重庆华数机器人成功入选国家智能制造系统解决方案供应商推荐目录,入选工信部专精特新"小巨人"企业,已发展成为国产工业机器人产品研发、制造、应用的领军品牌,是国产机器人事业快速发展的中坚力量

资料来源:西南证券整理

(二)高效打造服务型政府,全力推动重庆地区企业上市

一是将企业、政府各部门、监管机构、交易所重庆服务基地、证券公司、会计师事务所、律师事务所、股权投资机构、上市企业家协会、财经媒体与企业上市相关所有单位部门,全部纳入企业上市生态圈,建立一体化深度服务体系,在此体系下,各单位各部门联动开展企业上市工作。以解决问题为工作导向,通过下沉服务,破除企业上市存在的障碍,街道能解决的直接办理,街道不能解决的直接报区县,区县不能解决的报重庆市企业上市联席会议协调解决。各级政府部门及时转变工作思维,以"店小二"的服务精神,打造服务型政府形象,提升工作效率,一心一意服务企业发展壮大,全神贯注帮助企业解决困难,持续促进地方经济发展。

二是在目前重庆市企业上市联席会议基础上,在重庆市金融监管局设立重庆市企业上市指导服务中心,编制不少于10人,专职开展重庆企业上市服务工作,其核心工作为推进构建重庆企业上市服务生态圈的具体工作,具体工作职能包括在初期深入企业了解企业上市存在的问题并沟通解决;和监管机构及交易所沟通并争取政策支持;与政府部门沟通解决企业上市需要完成的手续(如开具证明等)问题;与交易所重庆服务基地、企业家协会、证券公司等沟通,协调开展企业上市培训工作;协调财政局等部门梳理调整重庆企业上市奖励政策;协调管理中介机构;开展信息系统建设;与股权投资机构建立密切联系;等等。

（三）充分发挥证券公司等中介机构专业化优势，为重庆企业上市提供全面和全程服务

证券公司是资本市场最重要的参与者之一，是连接资本市场各类资源要素的中介枢纽，对企业上市、产业并购、资源重组等产生着重大作用。在推进重庆企业上市工作中，建议充分发挥西南证券等证券公司的专业化能力，有效培育上市资源、推动优质企业上市、支持企业市场化并购重组、推动上市公司引领产业发展等，积极促进提升重庆经济的发展活力。建议：

一是建立较高层面工作机制，支持证券公司选派专业人员，赴重庆市级相关单位、区县挂职交流，系统性了解地方政府、各类国企、民企的发展需求，采取"一企一策"式的工作方式，精准对接企业上市等需求。

二是建立由重庆市相关部门主导的沟通渠道，证券公司组建专家团队，定期走进重庆各大企业，就企业发展、上市融资等提供专业化的解决方案，并提供全周期服务。

三是推动证券公司和中、农、工、建等重庆分行以及重庆农村商业银行、重庆银行等商业银行建立深度的战略合作关系，建立切实有效的合作机制，打破合作壁垒，通过信息共享、业务合作等，综合利用银行、证券各类金融工具，合力服务企业成长上市。

四是将西南证券等券商纳入重点推介对象，在引导大型国企、重点民企在进行改制上市、并购重组、产业收购等资本运作时，由其提供全程服务，以全面深入服务重庆企业上市。

(四)积极打造企业上市文化,增强企业主动上市意愿

一是建议重庆市企业上市指导服务中心与重庆日报、重庆晨报、人民网、黄桷树财经、中国证券报、上海证券报等权威媒体建立良好的合作关系,通过纸质、互联网等多种渠道,及时宣传重庆企业上市的优秀成果和经典案例,向社会不断传递企业如何利用资本市场做大做强的高质量信息,持续营造重庆企业上市的浓厚氛围,努力以优秀的企业上市文化引领和促进重庆企业不断走向资本市场。

二是上交所、深交所、北交所及全国中小企业股份转让系统各自的重庆服务基地作为服务区域资本市场的重要派驻机构,对主板、创业板、科创板、北交所等各层次资本市场定位最为熟知。建议重庆市企业上市指导服务中心与上交所、深交所重庆服务基地建立全面的合作关系,共同开展企业上市培训工作,开展后备企业的综合培训、专项培训、董秘培训、高管培训等,有效传递资本市场各类政策信息;将资本市场的IPO导向以及上市审核最新政策、企业在IPO过程中通常遇到的问题等及时总结发布,利于企业全面了解信息,在IPO过程中少走弯路,同时有利于证券公司、会计师事务所、律师事务所等中介机构准确把握监管政策,提高重庆企业上市工作效率。可以通过举办"走进深交所""创业板注册制改革政策解读""上市企业座谈会""上市储备企业专项培训""投融资沙龙"等一系列活动,使企业人员深入了解利用资本市场发展的好处,让企业人员从内心真心拥抱资本市场。

三是重庆市企业家协会充分利用已上市企业的经验,通过重庆市企业上市指导服务中心,积极开展及参与企业上市培训,为拟上市或者未来计划上市企业进行系统的经验讲解。积极与北上广深、江浙等地区企业家协会建立良好交流机制,定期组织企业家赴上述地区的政府机构、上市企业进行学习交流,持续培育重庆的企业家资本运作思维,逐步改变重庆企业存在的"不想上市""不愿上市"等固化思维。

(五)重点建设"重庆企业上市"信息系统,动态汇聚企业上市信息

为有效推进重庆企业上市工作的可视化,实时掌握重庆企业上市动态,并及时跟踪企业服务情况,有效落实各环节工作任务,建议建立"重庆企业上市"信息系统,并在平台汇聚企业上市资源要素。

(1)建立"重庆企业上市"信息系统,平台建立的主要目的是汇聚重庆企业上市情况。将企业信息(企业自主上传更新)、政务信息(各政府部门上传)、专业服务信息(专业机构上传)等全部上传至"重庆企业上市"信息系统,企业、政府机构、专业机构等各主体通过登陆该系统,即可较为全面地了解重庆企业上市情况、事务办理指南、操作指南及服务需求等。

企业信息包括企业的基本信息、股权结构、上市进度、中介服务状态、上市存在的主要问题、IPO或者引入投资者等融资需求等。

政务信息包括企业需要办理各种证明的指南、办事的流程

以及咨询电话等。同时,可设立企业难题咨询解决板块,由重庆市企业上市指导服务中心查阅及协调解决。

专业服务信息包括企业上市的定义、流程、财务政策、法规等以及相关解读,同时包括资本市场改革发展的最新动向和发展趋势。此外,各专业机构介绍自身服务情况、案例以及联系方式,方便企业直接联系。

设立IPO信息库、IPO函件库、资产重组数据库等,企业通过查询,即可获取精准案例,全面获悉企业上市的具体流程、可能遇到的辅导或审核过程中的各种问题、中介机构服务案例和服务数据等。通过查询,企业可对比知晓自身的问题所在,并重视解决,以压缩企业上市辅导时间。

(2)根据"重庆企业上市"信息系统中企业信息库,设立重庆企业上市一级库和二级库,一级企业库包含近3年上市可能性较大的企业,二级企业库包含经过5年左右培育可能达到上市标准的企业,逐步解决重庆企业上市梯次配置的问题。每年动态化组织开展企业入库评选,可考虑邀请政府机构、中介机构、专家学者、新闻媒体等以打分方式开展评选工作。对入选一级企业库、二级企业库的企业,重庆市企业上市指导服务中心在官方网站以及"重庆企业上市"信息系统中进行公示发布,并重点推介,方便股权投资机构、证券公司、律师事务所、会计师事务所等专业机构及时跟进服务,方便地方政府重视并及时了解企业情况。为促进企业上传信息,不上传信息或者未及时更新信息的企业,不纳入评选范围。

(六)常态分析上市企业重点标的状况,及时解决其成长中的问题

一是常态分析上市企业重点标的状况,关注其技术、财务、税收、销售、核心人员变动情况,以及成长中的主要问题。充分依托政府部门、中介机构等,多角度深入分析上市企业重点标的状况。建立月度、季度企业上市状况台账,根据企业具体状况,有针对性地、一企一策式地制定支持政策,并研究制定任务清单,实现扶持重点企业上市工作的提质增效。

二是各区县建立相应工作机制,延伸至街道办事处(乡镇),构建重庆市—区县—街道(乡镇)三级工作层级。各级政府部门应及时转变工作思维,树立服务型政府形象,提升工作效率,一心一意服务企业发展壮大,全神贯注帮助企业解决困难,帮助企业迅速做大做强。

三是政府各部门如财政、税务、国土、环保、工商、司法等部门,以及中央直属部门根据企业实际情况,充分发挥自身职能(见表18),为企业上市进行主动服务,如针对一级企业库中的企业,重庆税务机关可以深入企业,开展税收风险"健康体检",运用全税种风险识别指标对企业的税法遵从情况进行全面扫描,对存在税收风险的企业,税务机关可以通过"重庆企业上市"信息系统,将疑点信息和自查指南点对点推送给企业。企业则根据该疑点信息和自查指南,及时发现并排除涉税风险,堵住财务管理漏洞,完善财务核算制度,并持续规范财务管理体系,为企业上市奠定基础,有效避免涉税风险影响企业上市进程。同时,在重庆市企业上市指导服务中心的协调下,依托重庆市各级

政府行政服务审批大厅,提供企业上市"一站式"办证服务,企业只需一趟即可完成所有手续办理、证明开具等。而对于某个部门无法解决的疑难问题,提交重庆市企业上市联席会议讨论,由重庆市政府层面协调解决。

表18 政府部分职能部门提供支持一览(包括但不限于以下各方面)

部门/部门协同	举措	内容
财政部门	分阶段实施企业上市奖励	1.完成股改并上报上市辅导,财政奖励; 2.证监会、交易所正式受理企业上市材料,财政奖励; 3.交易所成功发行股票,财政奖励; 4.境外上市、借壳上市(迁回重庆),财政奖励。
国土部门	加大企业用地支持力度	1.首发上市用地,优先供地; 2.各区县新增1家上市公司,奖励所在地方政府300—400亩建设用地指标。
金融部门	加大金融扶持力度	1.证监局、银保监局引导金融机构,为一级企业库中的企业制定综合融资方案; 2.为一级企业库中的企业积极开展担保贷款、担保转贷款等业务; 3.引导基金设立企业上市专项投资基金。
部门协同	解决企业上市的历史遗留问题	土地和房产确权、税费缴纳、股权纠纷、知识产权纠纷、证照补办、行政许可未衔接等各种问题的协商解决。

续表

部门/部门协同	举措	内容
部门协同	针对一级企业库中的企业提供重点支持	1.享受重庆市提高上市公司质量工作专班"一企一策""一事一议"机制提供的服务； 2.各部门专项检查，以整改帮扶为目的； 3.对企业进行行政处罚的事项，依法从轻处理； 4.各部门如对企业进行行政处罚，事先通报重庆市企业上市联席会议或重庆市企业上市指导服务中心。

资料来源：西南证券整理

（七）提升重庆已上市公司发展活力，积极发挥示范作用

积极提高重庆已上市公司发展质量，增强其在资本市场的影响力，通过已上市公司的良好发展，影响和带动其他企业发展上市。为此建议：

一是推动已上市公司引领产业升级。建议加强对重庆已上市公司再融资的支持力度，支持重庆已上市公司增发融资，鼓励已上市公司用好公司信用类债券、资产支持证券、不动产投资信托基金（REITs）、优先股、可转换公司债券、中长期贷款等各类金融工具，增强主业发展能力。优化重庆已上市公司再融资募投项目落地服务，将符合重庆产业发展规划的再融资项目列为市、区县重点产业项目，协调解决再融资项目落地过程中的审批、用地、环评、基础建设等问题。推动已上市公司设立研发机构，增加研发投入。推动重庆已上市公司发挥资本、技术和品牌等优

势,与配套企业联动发展,带动重庆产业创新升级。

二是引导重庆已上市公司围绕主业实施并购重组,盘活存量、提质增效、转型发展。鼓励和支持已上市公司发行股份购买外省市、境外优质资产,探索引入符合条件的境内外机构投资者对已上市公司进行战略投资,提升重庆已上市公司综合竞争力。

三是加大宣传力度,对重庆已上市公司持续发展壮大的成功案例,进行大力宣扬,影响和带动更多的重庆企业上市。

六、展望

推进重庆地区企业上市是一项系统性工程,需要企业、地方政府、中介机构、媒体、自律组织等各主体深入发挥各自所能,深耕细作、久久为功般地务实高效推进重庆地区企业不断成立成长和上市。企业需要根据市场变化和客户需求,及时调整经营策略,不断做优做强,同时转变发展思维,有效利用资本市场快速发展;地方政府需要及时转变工作思路,深入构建服务型政府体系,营造良好的营商环境,全力围绕服务企业发展发挥职能,高效构建推动企业上市的生态圈;中央直属部门派驻重庆机构需要更好地融入重庆地区企业成长上市发展的整体工作中,并充分利用自身职能,争取国家政策支持,持续帮助重庆企业发展;中介机构需要深入发挥专业所长,以更加优秀的专业化能力,帮助企业解决成长上市过程中所涉及的投资、融资、法律、会计等具体问题;媒体、自律组织积极打造企业上市文化,通过良好的案例以及各种交流等,引导重庆企业家树立通过资本市场不断发展的意识,并逐步形成厚重的企业上市文化。

本课题的研究主要通过系统梳理,从中观、微观角度分析了推进重庆地区企业上市的路径,由于企业上市涉及的主体和因素众多,本课题无法针对每个影响因素进行更加具体的研究,需要各主体根据自身的职能进行专项研究,制定重庆地区产业政策、金融政策、财政政策、招商政策、人才政策等,未来可在本课题的整体框架下进行子课题研究。

参考文献

[1] 邹燕.创新型城市评价指标体系与国内重点城市创新能力结构研究[J].管理评论,2012,24(6):50-57.

[2] 朱子明,郁鸿胜.长三角核心城市群经济竞争力评价研究[J].生态经济,2013(12):57-60.

[3] 田美玲,刘嗣明,寇圆圆.国家中心城市职能评价及竞争力的时空演变[J].城市规划,2013(11):89-95.

[4] 曾铖,郭兵.基于两阶段效率视角的城市创新能力测算——来自20个典型城市的实证研究[J].科技进步与对策,2014,31(17):32-39.

[5] 郭红.我国金融中心城市竞争力指标体系构建与评估研

究[J].湖南社会科学,2012(3):143-147.

[6] 倪鹏飞,李肃.中国二、三线城市的竞争力比较研究[J].理论学刊,2015(3):34-43.

[7] 陈新明,萧鸣政,张睿超.城市"抢人大战"的政策特征,效力测度及优化建议[J].中国人力资源开发,2020,37(5):59-69.

[8] 黄茹,梁绮君,吕拉昌.城市人口结构与创新能力的关系——基于中国城市的实证分析[J].城市发展研究2014,21(9):84-91.

[9] 刘筱,Sonn J W,王铮.弱研发城市的高技术产业发展——以深圳高技术产业集群发展为例[J].科学学研究,2014,32(1):34-43.

[10]崔婷婷,陈宪.人口流动与城市创新能力——来自中国副省级及以上城市的证据[J].科技管理研究,2021,41(11):23-30.

[11]卢洪友,张依萌,朱耘婵."人才新政"提高了城市创新能力吗?[J].财经问题研究,2021(6):127-136.

[12]郝前进,王淼薇.城市空间拓展、产业政策与企业生存发展——基于上海市规模以上工业企业的实证研究[J].上海经济研究,2013,25(10):106-116.

[13]朱玉杰,倪骁然.金融规模如何影响产业升级:促进还是抑制?——基于空间面板Durbin模型(SDM)的研究:直接影响与空间溢出[J].中国软科学,2014(4):180-192.

[14]黄新春.数字普惠金融对城市创新能力驱动的实证检验

[J].技术经济与管理研究,2021(11):41-46.

[15] 储德银,建克成.财政政策与产业结构调整——基于总量与结构效应双重视角的实证分析[J].经济学家,2014(2):80-91.

[16] 戚湧,丁刚,魏继鑫.创业投资促进产业技术创新的实证研究[J].中国科技论坛,2014(1):16-21.

重庆城投企业信用类债务风险防范与化解问题研究

CHONGQING CHENGTOU QIYE XINYONGLEI ZHAIWU FENGXIAN
FANGFAN YU HUAJIE WENTI YANJIU

重庆城投企业信用类债务风险防范与化解问题研究[*]

(2021年9月)

绪言

党的十九大把防范化解重大风险作为三大攻坚战之一。2021年8月,中共中央总书记、国家主席、中央军委主席、中央财经委员会主任习近平主持召开中央财经委员会第十次会议,针对金融风险防范作了一系列重要指示,提出:要坚持底线思维,增强系统观念,遵循市场化法治化原则,统筹做好重大金融风险防范化解工作;要落实地方党政同责,压实各方责任,畅通机制、明确职责、分工配合、形成合力。

城投债在全市基础设施建设、城市功能提升等方面发挥了不可或缺的作用,也为全市政府性建设项目融资开辟了一条可

---

[*] 课题指导:童小平;课题组长:邓涛;课题副组长:王明瑛;课题组成员:蒋玲、陈邦强、陈薇、陈月、颜微雨、刘欣、申浩立、何鹏川。

持续的市场化道路。随着国内外宏观经济形势的变化,经济发展方式的转变,我国城投债原有的适生条件难以为继,风险不断聚集,债券违约频繁显现。尤其是随着《国务院关于加强地方政府性债务管理的意见》(国发〔2014〕43号)文件的出台以及随后一系列政策的调整,国家为维护金融稳定,防范系统性风险,逐步打破了市场投资者对城投债的"刚兑信仰",不断出台对城投债的严监管政策,不断压缩传统城投债寻租空间,不断加大城投债发债主体的压力。同时,随着近年来城投债品种的丰富,期限倾向"缩短",利率不断走低,尽管市场资金充裕,但地区风险偏高、评级资质弱的城投企业发债难现象比比皆是。截至2021年6月30日,全国城投债的总存量近12万亿元,存续数近1.5万只。其中,重庆总存量5 527.6亿元,在全国的占比达到4.7%左右,位居全国十大存量城投债地区之一,排列在江苏、浙江、四川、山东、湖南之后,位居第6位,在全国城投债市场具有重要的影响力。

"十四五"时期,随着全市重大基础设施投资规模的扩大,对城投债需求将持续增大。鉴于此,有必要对城投债的相关问题进行探讨:一是立足于严监管政策视角,如何评价我市城投债发挥的作用与存在的风险;二是如何从制度设计与管理上强化对城投债风险特征的判定以及对隐含风险进行科学甄别;三是如何前瞻性预判"十四五"时期全市城投债的还款高峰及应对策略。

本研究报告从全国视角,借助了中债登、Wind数据库,首次利用大数据技术对调研的城投企业风险在全国数千家企业中进行了比对,评判我市城投债变化的总体趋势,揭示出城投债存在的共性与个性特征。从市级与区县城投企业角度,摸排我市存量城投债风险状况,甄别隐含的风险因素。通过深入相关区县与城投企业的实地调研,开展案例剖析,总结出我市城投债募投管退的经验与风险管控面临的问题,以期对推动全市城投债市场的稳健发展提供有价值的决策参考。[①]

一、全国及全市城投债比较

(一)全国城投债现状

对全国城投债现状的分析,有助于把握城投债的发展趋势,了解城投债的变化规律,揭示出城投债可能存在的问题和风险。

1.城投债发展历程

1992年,我国第一只城投债券在上海诞生。迄今为止,城投债的发展大致经历了四个阶段。

(1)起步阶段

浦东建设债券是我国城投债券的早期代表。20世纪90年代初浦东开发开放以后,中央赋予上海连续10年每年发行5亿元浦东建设债券的优惠政策。上海城投总公司受市政府委托,

---

① 本报告特别申明:课题研究仅立足于学术求证视角,相关数据资料及分析结论未针对任何具体企业,不构成对任何企业与个人投融资行为的影响。

于 1992 年 4 月发行了首期 5 亿元浦东建设债券。2002 年至 2005 年间,我国共发行城投类中央企业债 6 期,金额 112 亿元。2005 年以前,我国城投债基本为中央企业债,发债主体集中于直辖市和大型省会城市。

(2) 推广阶段

2005 年以后,随着地方企业债的启动,城投债发展步伐明显加快。上海城投总公司于 2005 年 7 月发行了总额 30 亿元的地方企业债,此后城投债全部被纳入地方企业债范畴。企业债发行政策的调整降低了债券发行门槛,推动了城投债发行数量和规模快速增长。2008 年,城投类企业债共发行 214 亿元,占地方企业债发行总额的 31%。截至 2008 年末,我国累计发行城投类地方企业债 31 期,金额 460 亿元。

(3) 跨越发展阶段

进入 2009 年,我国实施积极财政政策,扩大投资规模,地方政府也加大了基础设施投资力度,城投债出现跨越式增长。2009 年 3 月,人民银行、银监会《关于进一步加强信贷结构调整促进国民经济平稳较快发展的指导意见》(银发〔2009〕92 号)提出"支持有条件的地方政府组建投融资平台,发行企业债、中期票据等融资工具",启动发行的中期票据成为城投债发展的新品种。其中,上海久事公司发行金额 50 亿元、期限 8 年的中期票据,募集资金全部用于上海轨道交通建设项目。2009 年 1 至 10 月,城投类企业债累计发债 47 期,金额 617 亿元;城投类中期票据累计发行 6 期,金额 200 亿元。城投债品种和发行量较往年呈现快速增长的态势。

(4)转型提质阶段

随着我国经济转型期的到来,中央不断强化国家的金融安全与稳定,2014年开始,《国务院关于加强地方政府性债务管理的意见》(国发〔2014〕43号)等一系列政策相继实施,逐步打破了市场投资者对城投债非理性的"刚兑信仰",回归其本源属性。同时,全国城投债总体上仍然保持稳健增长的态势,不同市场的城投债品种更加丰富,发行的市场化监管机制逐步完善,发债主体基于风险收益的自我约束更加有力。

2. 城投债在地方建设中的作用

自1978年改革开放以来,我国城镇化和工业化进程加快,需要大量资金补齐基础设施短板和建设公益性项目。1994年分税制改革导致中央政府和地方政府财权与事权的不匹配,地方政府财政收入占全国财政收入的比重减少,而公益性项目和准公益性项目建设任务却增加,财权上移和事权下移导致地方政府资金缺口增大。同时,旧《预算法》(1994年发布)规定"除法律和国务院另有规定外,地方政府不得发行地方政府债券",地方政府依法合规融资渠道受到限制,庞大的资金需求使得地方融资平台作为地方政府投融资载体应运而生。地方政府融资平台是地方政府及其部门和机构等通过财政拨款或注入土地、股权等资产设立,从事地方政府指定或者委托的公益性或准公益性项目的融投建营。拥有独立法人资格的经济实体,其融资往往采取向银行贷款或发行城投债的方式,城投债曾一度被认为是中国版的市政债券。

城投债对我国的经济发展具有积极意义。首先,市政建设项目投资大,周期长,多为非经营性或盈利能力较差项目。我国地方财政普遍面临较大的基础设施建设资金压力,市政建设的投资空间有限,依靠银行贷款并不能完全解决巨大的资金缺口,城投债拓展了城投企业的融资渠道,也更适合市政建设的资金需求特点。其次,市政债券促进了金融市场发展,有利于提高项目直接融资比例,转移银行体系风险,缩小地方政府隐性债务规模。再者,市政债券所募集资金用于基础设施建设,这一领域的投资对于我国经济社会发展具有基础性和先导性作用,契合"保增长、扩内需"的政策要求。

3. 全国历年城投债总量与结构

据统计,2012年全国城投债债券余额1.9万亿元,发行数量1 500只。截至2021年6月末,以上两项指标分别达到11.8万亿、14 911只。近10年间,城投债的债券余额增长超过5倍,债券数量增长近9倍,如图1所示。

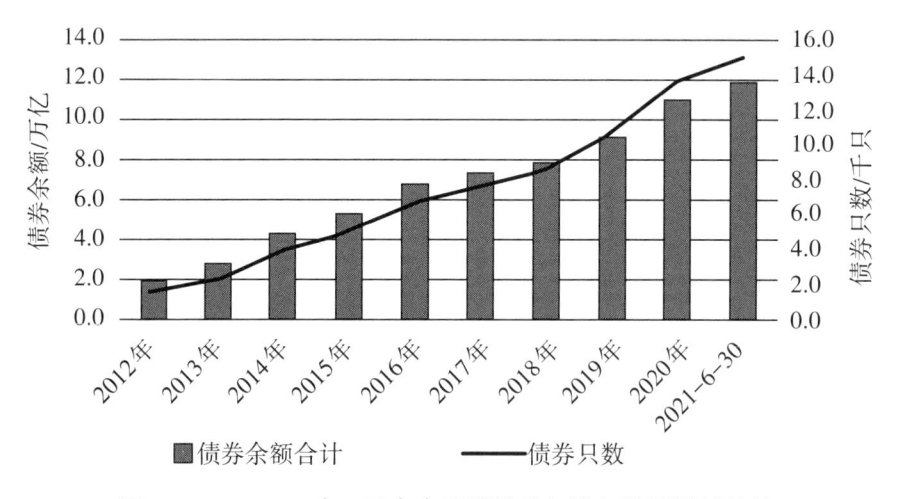

图1 2012—2021年6月末全国城投债规模与数量增长趋势

数据来源:Wind

同时,我国城投债与一、二级债券市场变化同步。经过10多年的发展,城投债由最初的单一券种逐步呈现为多元化的品种结构,由过去的单一期限转变为长中短相互补充的期限结构。截止到2021年6月末,我国城投债各类品种的占比为:公司债36.3%、中期票据27.2%、定向工具14.9%、企业债14.6%、短期融资券6.9%、项目收益票据(下也简称收益票据、项目收益债券)0.1%,详见图2。

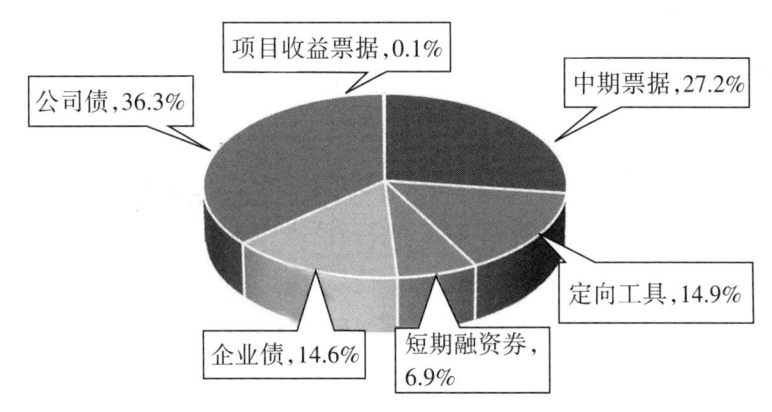

图2 全国城投债的品种结构(截至2021年6月末)

4. 全国各省(自治区、直辖市)城投债的比较

城投债发债能力与所在地区的经济发展水平、城市基础设施建设的政府投入等因素有着密切的关系。通过对全国31个省(自治区、直辖市)的横向对比分析,对重庆在全国城投债市场中所处的地位进行判断,结论如下。

(1)全国各省份城投债规模大小比较

截至2021年6月末,全国31个省(自治区、直辖市)的城投债存量余额前10位依次为:江苏、浙江、四川、山东、湖南、重庆、湖北、北京、江西、广东。江苏省以24 259.8亿元位居全国第一，重庆以5 527.6亿元位居全国第六，海南以119.2亿元位居全国末位，如图3所示。

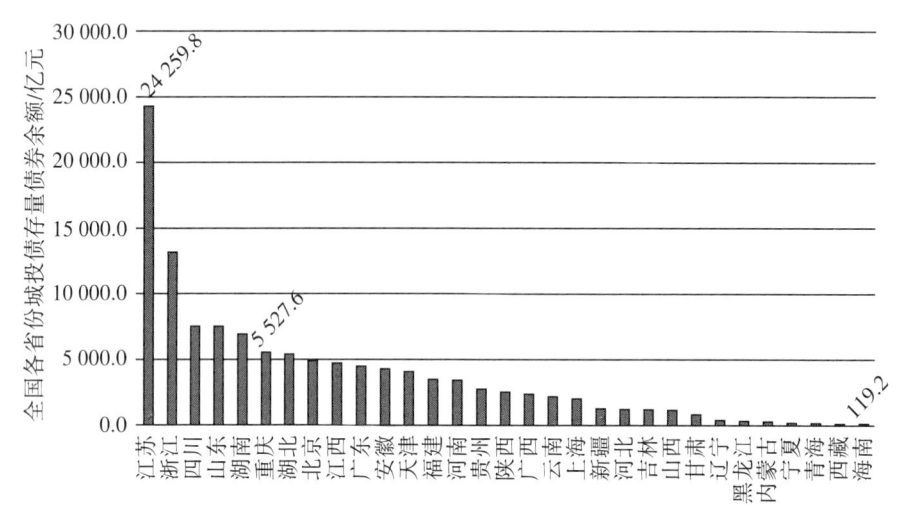

图3　全国31个省份城投债规模对比（截至2021年6月末）

数据来源：Wind

通过对城投公司数量与发债数量进行分析，江苏的两项指标仍列全国第一，重庆以127家城投债发债公司、693只城投债券（存量债券）列全国第六，海南以上两项指标均为全国末位，如图4所示。

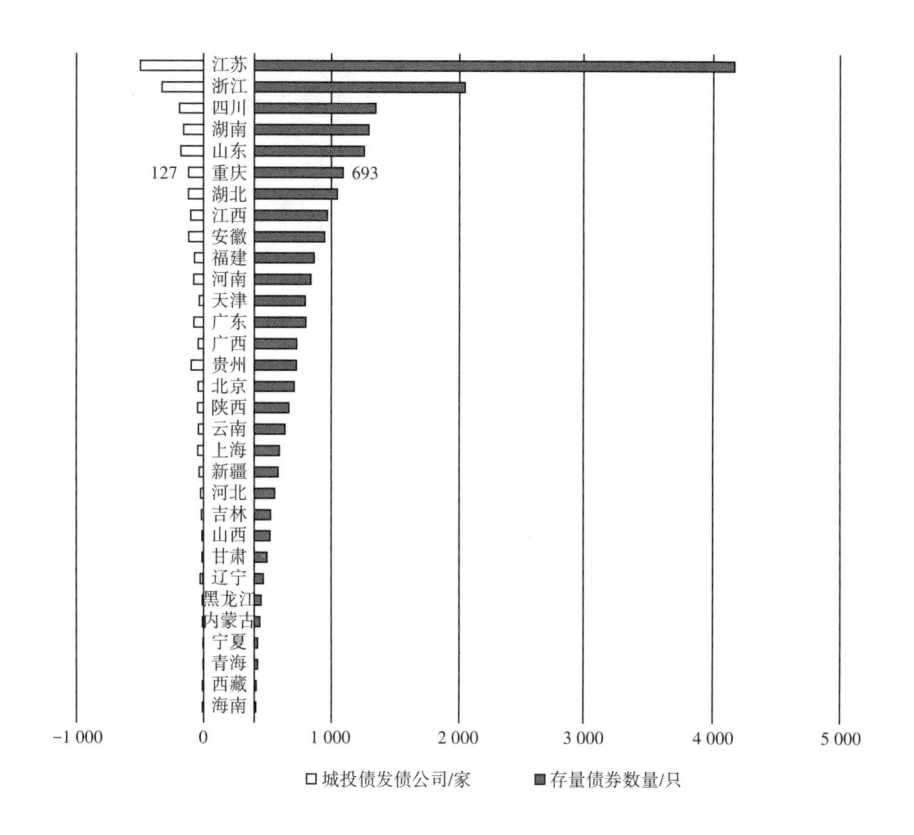

图4 全国31个省份城投公司与发债数排序（截至2021年6月末）

数据来源：Wind

(2) 重庆城投债品种结构与全国的对比

从品种类别看，到2021年6月30日，全国城投债品种为中期票据、定向工具、短期融资券（短融券）、企业债、公司债、项目收益票据（下也简称收益票据）。重庆收益票据为0只，这一品种在重庆城投债中尚属空白。全国债券数量合计14 911只、存量债券余额合计118 287.6亿元。重庆同项指标分别为693只、5 527.6亿元，在全国占比依次为4.6%、4.7%，如表1所示。

表1 重庆城投债品种与全国的比较(截至2021年6月30日)

城投债品种	全国 只数/只	全国 余额/亿元	重庆 只数/只	重庆 全国占比/%	重庆 余额/亿元	重庆 全国占比/%
中期票据	3 614	32 147.7	169	4.7	1 508.4	4.7
定向工具	2 631	17 637.1	140	5.3	933.2	5.3
短融券	1 204	8 145.3	43	3.6	283.6	3.5
企业债	2 297	17 285.3	96	4.2	692.6	4.0
公司债	5 142	42 961.6	245	4.8	2 109.8	4.9
收益票据	23	110.6	0	0	0	0
合计	14 911	118 287.6	693	4.6	5 527.6	4.7

数据来源:Wind

(3)重庆城投债评级状况与全国的对比

从城投债的债项评级看,全国城投债的债项评级包括:AAA、AA+、AA、AA-、A-1及其他(未评级)等级别。全市新发债主体的债项评级中,无AA-,反映这一弱资质债项已完全清除。在全国债项评级的占比中,重庆AA+、AA余额在全国占比分别为5.4%、4.9%,其次AAA为3.2%,显示重庆城投债这三类评级相对集中。另外占比5.5%的其他(未评级)项隐含的弱资质与风险不能忽视,如表2所示。

表2 重庆城投债评级状况与全国的比较(截至2021年6月30日)

债项评级	全国 只数/只	全国 余额/亿元	重庆 只数/只	重庆 全国占比/%	重庆 余额/亿元	重庆 全国占比/%
AAA	3 245	35 765.6	112	3.5	1 149.5	3.2
AA+	2 921	22 194.9	154	5.3	1 190.1	5.4
AA	1 956	11 023.2	100	5.1	539.1	4.9

续表

债项评级	全国		重庆			
	只数/只	余额/亿元	只数/只	全国占比/%	余额/亿元	全国占比/%
AA-	9	39.6	0	0	0	0
A-1	296	2 022.6	11	3.7	56.4	2.8
其他	6 484	47 241.7	316	4.9	2 592.5	5.5
合计	14 911	118 287.6	693	4.6	5 527.6	4.7

数据来源：Wind

（4）重庆城投债期限结构情况

考察重庆城投债不同期限债券的全国占比（见表3），反映如下特点：其一，中长期债券占比相对较高。重庆城投债5（不含）—7年，7（不含）—10年的债券余额的全国占比分别均为6.3%。其二，短期债券占比相对较低。重庆3（不含）—5年城投债的债券余额在全国的占比为2.4%，1—3年债券余额占比为2.3%。其三，超长期债券占比明显较低。重庆10年以上长期债券余额的全国占比仅0.9%。

表3　重庆城投债不同期限债券的全国占比情况（截至2021年6月30日）

债券期限	全国		重庆			
	只数/只	余额/亿元	只数/只	全国占比/%	余额/亿元	全国占比/%
1年以内	914	6 168.3	29	3.2	189.7	3.1
1—3年	800	5 450.6	21	2.6	127.6	2.3
3（不含）—5年	3 880	29 594.3	90	2.3	695.6	2.4
5（不含）—7年	6 600	55 780.7	393	6.0	3 498.8	6.3
7（不含）—10年	2 171	15 217.8	152	7.0	963.3	6.3

续表

债券期限	全国		重庆		
	只数/只	余额/亿元	只数/只	全国占比/%	余额/亿元	全国占比/%
10年以上	546	6 076.0	8	1.5	52.7	0.9
合计	14 911	118 287.6	693	4.6	5 527.6	4.7

数据来源：Wind

(二)城投债市场对全市城投债的影响

城投债是我国债券市场的重要组成部分，对债券市场产生着举足轻重的影响。近年来，重庆城投债在全国市场中的占比一直位居前列，通过分析城投债市场，了解全市城投债的运行状况，有助于把握影响城投债的关键因素。

1.全国31个省份城投债一级市场对比

围绕城投债一级市场的发行，通过分析发债的不同资质主体、融资成本、募资用途与实际募资数量等，判断隐含的风险。

（1）区域之间的城投债规模差距加大，重庆发行规模与净融资规模均居正增长的前列。

通过采集全国31个省份2019年、2020年、2021年各年份上半年发行规模与净融资规模数据，分析判断出以下趋势。

①全国城投债规模保持较快增长，重庆城投债与全国保持一致的增长趋势。2021年上半年全国城投债发行和净融资规模均高于2019年同期。2021年上半年全国城投债总发行规模

28 374.79亿元,较2019年上半年增长69.0%[①];全国城投债净融资规模10 023.03亿元,较2019年上半年增长64.0%。2021年上半年重庆市城投债发行规模1 093.7亿元、净融资规模391.2亿元,较2019年同期分别增长40.1%、219.2%。

②全国31个省份的规模进一步分化,重庆在保持正增长的省份中位居前列,净融资规模排列第9。2021年上半年,江苏和浙江城投债发行规模居于高位,城投债发行规模为7 566.9亿元和3 673.1亿元,位居前二。山东、四川、湖南、湖北、江西、广东、安徽和重庆上半年城投债发行规模均达到1 000亿元以上。甘肃、黑龙江等弱资质地区的城投债总发行规模相对较小,均低于100亿元。江苏和浙江成为2021年上半年城投债净融资规模最高的省份,重庆以391.2亿元位居第9。黑龙江、天津等10个省份净融资为负。

(2)高评级主体发债规模普遍减小,中低评级主体发债规模略有上升,弱资质区域中低评级主体发债规模呈现清零趋势;重庆的各评级主体发债规模均减少,AA+和AA主体承担大部分的发债任务。

分别采集全国31个省份AAA、AA+、AA主体在2021年6月30日的城投债发行数据,其趋势如表4所示。

①城投债主体评级结构相对稳定,但中低评级主体占比略有上升。截至2021年6月30日,全国已发行城投债中,AAA级、AA+级和AA级城投企业占比分别为33.5%、39.5%和25.5%,较

---

① 文中数据与表格图片数据,作者取自不同渠道或有差异,后同。

2019年上半年分别变动-8.2%、5.0%和3.3%。其原因为:在2020年流动性较为宽松的背景下,中低评级城投企业发债规模有所提升,而2021年上半年随着债券的陆续到期,中低评级借新还旧压力相对较高,带动中低评级主体占比较2019年有所提升。

②高评级主体发债减少,部分地区中低评级主体发债上升。截至2021年6月30日,AAA级城投平台中,江苏和广东已发城投债在全国的占比分别为18.6%和10.6%,处于较高水平,其余省份分布相对较为分散,总体呈现减少的趋势。吉林、辽宁、宁夏、天津、黑龙江和内蒙古等弱资质区域,城投企业发债规模在全国的占比均回落,甚至清零。

③重庆AAA、AA+、AA主体发债均呈现下降趋势。截至2021年6月30日,AAA主体发行197.0亿元、AA+为534.8亿元、AA为358.9亿元,较2020年同期依次减少-39.4%、-25.9%、-51.9%。其中,AA级主体下降最多,但AA+、AA仍为全市发债规模最大的主体。另外,全市AA以下主体城投债已清零,如表4所示。

表4 全国31个省份城投企业城投债发行规模(2019H1—2021H2)

省份	AAA级/亿元			AA+级/亿元			AA级/亿元		
	2019H1	2020H1	2021H1	2019H1	2020H1	2021H1	2019H1	2020H1	2021H1
江苏	1 890.8	2 663.3	1 766.9	3 554.7	5 021.4	3 514.8	1 925.0	2 890.7	2 197.4
广东	1 261.8	1 592.0	1 004.5	147.0	336.0	185.5	127.9	96.8	88.0
山东	1 637.6	1 639.5	746.8	148.0	267.0	153.0	52.0	5.0	25.0
北京	933.5	1 329.8	725.0	656.4	1 076.6	547.3	354.7	684.3	345.2
四川	1 115.0	903.0	574.0	376.5	718.2	405.2	585.0	927.6	515.4
天津	1 341.9	1 283.0	566.0	211.8	402.2	147.4	118.5	104.2	28.4
浙江	691.0	797.3	561.0	274.1	279.0	297.8	399.1	629.9	371.3

续表

省份	AAA级/亿元			AA+级/亿元			AA级/亿元		
	2019H1	2020H1	2021H1	2019H1	2020H1	2021H1	2019H1	2020H1	2021H1
湖北	526.0	852.0	525.5	1 682.2	2 332.2	1 798.9	1 122.2	1 809.1	1 292.8
江西	694.0	767.0	516.5	419.6	562.9	418.0	365.7	470.0	385.1
湖南	349.4	505.4	378.6	598.1	978.2	695.8	577.5	751.0	397.6
福建	457.2	515.6	345.1	486.5	525.2	317.5	238.1	374.0	220.0
上海	479.2	450.0	323.8	88.0	201.7	137.0	31.8	13.4	19.5
陕西	578.0	574.2	216.5	130.0	255.0	100.9	208.9	306.8	97.7
重庆	159.0	325.0	197.0	584.6	722.2	534.8	641.5	746.1	358.9
广西	883.2	917.0	182.5	262.0	268.0	112.1	48.9	81.0	19.5
云南	394.5	213.5	158.8	314.2	473.0	256.1	129.6	328.4	156.4
山西	217.0	173.0	151.0	162.0	237.0	169.0	42.0	46.0	5.0
贵州	89.0	254.0	147.0	319.1	263.9	68.4	284.6	235.6	70.3
安徽	530.0	370.7	123.0	352.0	467.0	279.2	210.0	419.5	103.4
河南	173.0	146.0	107.0	486.9	789.3	625.2	436.1	378.9	366.1
吉林	321.2	247.4	62.1	140.1	80.8	8.7	39.0	42.0	3.4
河北	111.0	87.5	35.0	134.6	225.5	108.3	154.2	229.5	57.6
新疆	30.0	75.0	30.0	213.8	341.6	168.5	93.0	103.6	59.3
甘肃	100.0	30.0	25.0	132.0	101.0	33.0	41.5	30.0	4.0
海南	23.0	48.0	13.0	0	0	0	0	3.0	18.0
辽宁	27.0	20.0	10.0	3.0	58.5	19.0	47.3	54.0	8.0
宁夏	30.1	45.5	8.8	24.0	76.0	12.5	7.0	0	0
黑龙江	0	0	0	81.0	77.0	2.0	19.3	71.7	14.0
内蒙古	0	0	0	165.0	45.0	15.0	0	2.0	10.0
青海	0	0	0	60.3	50.3	12.8	0	0	0
西藏	0	0	0	53.0	45.0	70.0	0	0	0

数据来源：Wind

（3）主体属地与评级明显影响融资成本，弱资质区域和低评级主体融资成本居高不下，重庆各级评级主体的城投债融资成本略高于强资质区域的同级主体,波动变化尚处于合理区间。

本研究以各省份同级别主体当月发行城投债的加权平均利率为指标,对比分析城投债的发债成本变化情况。从表5可以看出,城投主体融资成本出现较为明显的分化,强资质区域的各级别评级主体,其发行城投债的融资成本明显低于弱资质区域的同级别主体。

①AAA级城投主体中,北京、上海和浙江的城投债月均发行成本均位于3.5%以下,重庆维持3.7%左右,略高于这几个省份。而吉林、天津和云南等弱资质省份月均发行成本基本都维持在4.5%以上。

②AA+级城投主体中,北京、福建和上海等省份平均发行成本均位于4%以下,重庆维持在4.8%左右。贵州、青海、天津和云南等弱资质区域平均发行成本则基本高于6%。

③AA级城投主体中,浙江、福建、广东等区域平均发行成本在5%以下,有的月份低于4.5%,重庆平均维持在6.3%左右,明显高于这些省份。贵州、吉林、甘肃等弱资质地区维持在7%以上,个别月份达到8%。

表5 全国31个省市区城投平台融资成本变化趋势(2021年1—6月)

省份	AAA/% 1月	2月	3月	4月	5月	6月	AA+/% 1月	2月	3月	4月	5月	6月	AA/% 1月	2月	3月	4月	5月	6月
北京	3.52	3.29	3.56	3.50	3.02	3.47	4.07	–	3.68	3.79	3.88	3.43	4.45	–	–	4.60	–	–
上海	3.18	2.90	3.74	3.01	2.79	3.17	–	4.00	4.04	3.80	3.78	–	–	–	4.31	–	4.47	–
天津	4.47	4.80	5.24	4.94	4.91	4.80	6.82	6.86	6.31	6.54	6.50	6.41	–	6.50	6.00	–	–	6.50
江苏	3.34	3.70	3.53	3.36	3.25	3.39	4.60	4.83	4.52	4.45	4.17	4.29	5.24	5.85	5.41	5.18	5.75	5.36
广东	3.75	3.52	3.34	3.42	3.22	3.30	3.54	4.77	3.92	4.24	4.00	3.84	5.05	5.35	4.72	4.71	4.68	4.75

续表

省份	AAA/%						AA+/%						AA/%					
	1月	2月	3月	4月	5月	6月	1月	2月	3月	4月	5月	6月	1月	2月	3月	4月	5月	6月
浙江	3.72	3.28	3.56	3.64	2.48	3.16	4.15	4.38	4.19	4.14	3.88	4.03	4.97	5.18	5.04	4.86	4.82	4.52
福建	3.26	4.05	3.75	3.74	2.84	3.97	4.26	4.20	3.71	3.96	3.89	3.61	4.75	–	4.90	4.80	3.82	4.39
山东	3.88	3.53	3.82	3.83	3.68	3.43	4.79	5.09	4.87	4.81	5.24	4.42	5.77	5.96	5.87	5.87	6.09	6.38
湖北	3.02	3.54	3.76	3.84	3.19	3.70	4.24	4.21	4.28	4.38	–	3.79	5.13	5.36	4.86	5.19	5.78	5.19
安徽	2.55	3.81	4.10	3.22	–	–	4.37	5.25	4.37	4.19	4.77	3.80	5.84	5.74	5.32	5.50	5.48	5.27
四川	3.58	3.71	3.82	3.75	2.95	3.62	4.65	4.72	4.68	4.50	4.21	4.04	6.14	6.70	6.59	6.56	6.76	6.42
重庆	3.76	4.60	3.62	3.73	3.70	2.96	4.86	5.17	4.92	4.62	4.47	5.05	6.02	6.87	6.09	6.04	6.02	6.69
河北	4.14	–	–	–	2.65	4.38	5.72	–	5.63	4.37	4.73	5.12	4.75	5.03	5.98	–	5.64	
河南	4.50	–	4.18	4.46	–	4.07	–	4.72	4.65	4.79	4.08	4.09	–	6.26	5.77	5.91	6.15	
湖南	3.23	–	3.53	3.37	4.45	3.40	4.40	4.76	4.69	4.78	4.44	4.67	6.25	6.44	6.22	5.80	5.83	6.71
广西	2.80	3.34	4.06	3.52	3.40	3.76	6.15	5.96	6.12	6.18	4.79	6.03	6.44	5.80	6.59	7.14	6.79	6.78
贵州	4.50	3.86	3.79	3.90	3.77	4.04	7.14	7.03	5.94	–	7.00	7.22	5.46	7.80	6.19	7.00	7.00	
云南	3.79	4.10	5.29	4.73	5.29	5.38	4.87	5.98	6.05	5.56	6.39	6.95	7.50	–	7.50	6.78	–	6.00
黑龙江	–	–	–	–	–	–	–	–	–	7.10	–	–	–	–	6.50	–	6.50	
江西	3.57	3.65	3.41	3.20	3.55	3.35	4.69	4.47	4.49	4.74	4.06	4.06	5.49	6.31	5.75	5.64	4.49	5.31
山西	4.10	–	3.18	4.63	–	3.16	3.87	5.29	4.35	4.71	–	4.27	5.30	–	–	–	–	–
陕西	3.66	3.41	3.80	3.39	–	3.57	4.66	4.50	5.75	–	3.42	5.09	4.94	6.00	5.88	6.07	6.56	6.20
新疆	–	3.48	3.30	3.76	–	–	4.28	5.19	4.60	4.90	–	4.48	5.78	6.45	6.44	6.52	5.10	4.95
甘肃	–	2.66	–	–	–	–	4.78	4.70	5.00	5.00	–	5.93	–	–	–	–	–	7.00
海南	–	–	–	3.80	–	–	–	–	–	–	–	–	–	–	–	4.82	–	5.38
辽宁	–	–	–	4.78	–	–	–	–	6.69	–	6.80	7.60	–	7.20	–	–	–	–
内蒙古	–	–	–	–	3.98	3.97	4.19	–	–	–	–	–	–	6.50	–	–	–	–
吉林	6.80	–	6.80	–	–	–	6.90	6.30	–	–	–	–	8.00	–	–	–	–	–
宁夏	–	3.95	3.55	3.94	–	–	–	–	–	6.25	–	6.00	–	–	–	–	–	–
青海	–	–	–	–	–	–	–	6.00	6.50	–	–	–	–	–	–	–	–	–
西藏	–	–	–	–	–	–	4.50	3.50	–	4.03	–	–	–	–	–	–	–	–

数据来源：Wind

（4）资金用途中的借新还旧占比普遍增大，项目建设、补充流动性或运营资金的占比普遍减小。重庆借新还旧占比偏大，列全国第9位。

①借新还旧成为发债的主要用途。截至2021年6月30日，发行城投债用于偿还存量债务或置换到期债券的规模为20 313.1亿元，用于补充流动性或运营资金的城投债规模为1 856.5亿元，用于项目建设的城投债规模为2 339.2亿元，在上半年发行的城投债中的占比分别为82.9%、7.6%和9.5%。可能上半年城投债的集中兑付，加上监管部门对城投企业发债用途的限制，导致借新还旧成为发债的主要用途。

②补充流动性和项目建设的城投债占比普遍偏低。截至2021年6月30日，城投企业发行债券用于借新还旧、补充流动性和项目建设的债券规模占比分别较2019年变动6.0%、-5.2%和-0.8%。由于各地城投企业面临的债务压力、监管部门对区域和城投企业进行分档和分类管控等政策背景，城投企业新增债务难度有所提升，带动借新还旧占比出现增长的趋势。

③城投债资金用途显现主体属地与评级等级的差异。不少省份城投债的借新还旧占比出现上升，弱资质区域占比增幅更为显著，弱资质区域借新还旧占比更高。截至2021年6月30日，甘肃、黑龙江、辽宁和天津用于借新还旧的城投债在已发行城投债中的占比超过99%，处于相对较高水平。因为弱资质区域债务率水平相对较高的影响，为避免资金循环断链，借新还旧成为城投企业发债的主要目的，如天津、辽宁等省份。

从资金用途占比的变化来看，弱资质区域借新还旧占比增长幅度更为显著。与2019年上半年相比,除广东、河北、河南、吉林、江西和四川外,其余省份发债资金用于借新还旧的城投债占比均出现较为明显的增长,其中以黑龙江、贵州、甘肃和辽宁为代表的弱资质区域,用于借新还旧的城投债占比较2019年分别提升52.1%、30.6%、13.1%和12.5%,增长幅度处于相对较高的水平,如表6所示。

④重庆借新还旧占比高,项目建设、补充流动性与运营资金占比均偏小。截至2021年6月30日,重庆借新还旧占比达到90%,较2019年同期增长8.9%,规模占比位居全国31个省份的第9位。项目建设、补充流动性或运营资金占比均为5%,与2019年同期相比增幅分别为0.5%、-9.4%。借新还旧占比与增速接近或超过部分弱资质地区,如表6所示。

表6 全国31个省份城投债资金用途(202年1—6月)

省份	借新还旧 2021H1发行规模/亿元	借新还旧 2021H1占比/%	借新还旧 2021H1占比-2019H1占比/%	补充流动性或运营资金 2021H1发行规模/亿元	补充流动性或运营资金 2021H1占比/%	补充流动性或运营资金 2021H1占比-2019H1占比/%	项目建设 2021H1发行规模/亿元	项目建设 2021H1占比/%	项目建设 2021H1占比-2019H1占比/%
江苏	5834.7	92.1	9.7	230.5	3.6	-6.6	270.0	4.3	-3.2
浙江	2285.2	75.5	0.7	315.2	10.4	-1.1	427.8	14.1	0.5
山东	1088.8	75.9	13.9	121.5	8.5	-11.4	223.6	15.6	-2.4
湖南	1072.8	84.5	21.0	57.9	4.6	-7.7	138.2	10.9	-13.3
四川	1013.5	69.8	-0.6	143.3	9.9	-6.1	296.0	20.4	6.7
江西	953.1	76.1	-4.1	141.3	11.3	4.8	158.7	12.7	-0.7
广东	858.0	70.5	-3.3	179.3	14.7	-2.3	179.7	14.8	5.5
安徽	814.9	86.5	4.3	41.4	4.4	-3.2	86.0	9.1	-1.2

续表

省份	借新还旧 2021H1发行规模/亿元	借新还旧 2021H1占比/%	借新还旧 2021H1占比-2019H1占比/%	补充流动性或运营资金 2021H1发行规模/亿元	补充流动性或运营资金 2021H1占比/%	补充流动性或运营资金 2021H1占比-2019H1占比/%	项目建设 2021H1发行规模/亿元	项目建设 2021H1占比/%	项目建设 2021H1占比-2019H1占比/%
重庆	800.3	90.0	8.9	44.5	5.0	-9.4	44.5	5.0	0.5
湖北	775.6	75.1	-0.6	109.7	10.6	3.5	147.2	14.3	-3.0
天津	711.9	99.3	11.7	0.0	0.0	-11.0	5.0	0.7	-0.7
北京	703.4	84.5	9.7	101.7	12.2	-10.5	27.0	3.2	0.8
福建	652.8	79.9	4.7	73.8	9.0	-8.0	90.1	11.0	3.3
广西	458.2	89.4	16.0	23.0	4.5	-15.6	31.1	6.1	-0.4
上海	343.2	75.2	0.7	68.6	15.0	-4.1	44.6	9.8	3.4
河南	318.0	77.4	-2.2	64.1	15.6	4.2	28.6	7.0	-2.1
陕西	291.8	79.6	1.2	23.9	6.5	-2.5	50.7	13.8	1.3
山西	268.8	98.8	17.0	3.2	1.2	-14.5	0.0	0.0	-2.5
云南	248.7	92.0	10.7	7.5	2.8	-9.1	14.0	5.2	-1.7
新疆	236.7	95.5	16.1	10.1	4.1	-6.9	1.0	0.4	-9.2
贵州	216.4	72.9	30.6	14.2	4.8	-8.7	66.2	22.3	-21.8
河北	116.7	68.7	-13.8	48.4	28.5	24.0	4.8	2.8	-10.2
甘肃	52.0	100.0	13.1	0.0	0.0	-3.8	0.0	0.0	-9.2
西藏	43.4	86.8	86.8	6.6	13.2	13.2	0.0	0.0	-100.0
吉林	39.8	82.2	-11.6	6.2	12.7	10.1	2.5	5.2	1.5
辽宁	31.2	100.0	12.5	0.0	0.0	-1.2	0.0	0.0	-11.3
海南	24.5	79.0	—	4.5	14.5	—	2.0	6.5	—
宁夏	16.3	76.5	-23.5	5.0	23.5	23.5	0.0	0.0	0.0
黑龙江	16.0	100.0	52.1	0.0	0.0	-35.6	0.0	0.0	-16.4
内蒙古	15.0	60.0	-34.1	10.0	40.0	34.1	0.0	0.0	0.0
青海	11.3	88.8	-11.2	1.4	11.2	11.2	0.0	0.0	0.0

数据来源：Wind

（5）部分省份的发债品种出现短期化和非公募的偏好，重庆发债品种总体规范，有助于风险管控。

弱资质区域短融占比相对较高，债务短期化现象进一步加剧。截至2021年6月30日，天津、内蒙古、甘肃和云南短融（包括超短融和一般短期融资券）发行规模占比分别为80.3%、60.0%、58.5%和48.3%，较2019年上半年分别提高47.1%、12.6%、46.1%和3.9%，反映出这些区域债务短期化趋势较2019年进一步加剧。

受信用风险事件的影响，部分区域公募债市场认可度受影响，非公募债占比明显加大。截至2021年6月30日，受到区域信用风险事件的影响，黑龙江、吉林、辽宁和河南上半年私募债和定向工具的发行规模在城投债总发行规模中的占比分别为100.0%、81.9%、62.7%和59.2%，较2019年上半年分别提高59.3%、14.6%、49.2%和3.8%。

重庆短融占比总体偏低，但非公募债相对偏高。截至2021年6月30日，重庆短期融资券占比17.1%，较2019年同期增长3.6%；非公募债占比43.9%，在全国31个省份中列11位，但占比较2019年同期减少6.1%。总体上保持规范，有助于风险管控，如表7所示。

表7 全国31省份城投主体发债品种变动情况

省份	短融 2021H1发行规模/亿元	短融 2021H1占比/%	短融 2021H1占比-2019H1占比/%	非公募债 2021H1发行规模/亿元	非公募债 2021H1占比/%	非公募债 2021H1占比-2019H1占比/%
江苏	2 272.6	30.0	2.4	3 388.7	44.8	1.0
天津	595.3	80.3	47.1	50.5	6.8	-10.9
浙江	425.2	11.6	-5.7	2 112.9	57.5	11.5
广东	398.5	31.0	-32.5	195.0	15.2	10.1
湖北	390.0	31.1	7.2	338.8	27.0	-0.7
北京	376.0	40.7	6.5	119.0	12.9	-6.7
江西	351.0	26.1	-11.0	442.7	33.0	16.4
安徽	312.8	28.1	2.1	417.1	37.5	-1.3
福建	292.5	33.1	0.8	218.0	24.7	3.6
山东	282.5	17.5	-1.7	754.5	46.7	4.7
四川	265.5	16.4	-8.2	552.9	34.1	-3.2
湖南	258.4	17.5	9.0	606.7	41.1	-21.7
陕西	188.3	45.5	-8.5	107.7	26.1	1.3
重庆	187.2	17.1	3.6	479.7	43.9	-6.1
广西	181.9	31.8	-22.9	249.0	43.6	33.2
上海	168.5	35.1	14.3	77.5	16.1	2.3
云南	157.5	48.3	3.9	91.9	28.2	6.0
山西	152.0	46.8	21.3	93.0	28.6	-7.1
新疆	91.3	35.4	4.3	88.0	34.1	19.3
河南	90.6	17.8	0.5	301.0	59.2	3.8
甘肃	48.0	58.5	46.1	34.0	41.5	-23.1
河北	40.3	20.1	1.0	106.6	53.1	2.9
贵州	40.0	13.5	7.0	138.6	46.7	-6.5
西藏	20.0	28.6	28.6	50.0	71.4	71.4

续表

省份	短融			非公募债		
	2021H1发行规模/亿元	2021H1占比/%	2021H1占比-2019H1占比/%	2021H1发行规模/亿元	2021H1占比/%	2021H1占比-2019H1占比/%
内蒙古	15.0	60.0	12.6	10.0	40.0	8.4
宁夏	3.8	17.8	-70.6	12.5	58.7	58.7
海南	0.0	0.0	—	11.0	35.5	—
黑龙江	0.0	0.0	-16.3	16.0	100.0	59.3
吉林	0.0	0.0	-9.8	60.8	81.9	14.6
辽宁	0.0	0.0	-30.3	25.2	62.7	49.2
青海	0.0	0.0	-37.5	4.8	37.3	37.3

数据来源：Wind

2. 全国31个省份城投债二级市场对比

通过对二级市场交易数据的分析，能够清晰把握城投债的估值与利差的影响因素，了解不同地区及不同主体的城投债风险。

（1）主体评级差异影响成交规模大小，市场偏好高评级主体，弱资质低评级主体成交规模收缩明显。重庆各评级主体城投债成交活跃，AAA主体城投债成交规模排14位，AA+主体成交规模排第6位，AA主体成交规模排第7位。

从全国城投债的总体水平来看，截至2021年6月30日，AAA级、AA+级和AA级城投企业中，2021年上半年成交规模依次为19 312.3亿元、18 658.5亿元和10 255.5亿元，占比分别为40.1%、38.7%和21.3%。与2019年同期相比，AAA级城投企业城投债成交金额占比减少6.8%,AA+级城投企业城投债的成交金额占比则提高7.2%。其原因是:在资产荒的背景下,投资者降低原有风险偏好,被迫选择中低评级城投主体,以追求高收益率,带动AA+城投平台在成交规模中占比有所提升。

从省级层面可以看到,2021年上半年AAA级主体城投债的成交规模中,江苏、北京、广东、湖北、天津以3 602.0亿元、1 946.2亿元、1 932.1亿元、1 240.2亿元、1 200.3亿元依次位居前1—5位。重庆AAA级主体城投债的成交规模447.2亿,排第14位。与2019年同期相比,重庆AAA级主体城投债成交规模同比增长2.6%,为保持正增长的12个省份之一。

2021年上半年,AA+级主体城投债的成交规模排列前5位的省份分别为江苏(5 386.0亿元)、浙江(2 433.5亿元)、安徽(1 404.4亿元)、湖南(1 307.0亿元)、山东(1 040.8亿元)。重庆以837.4亿元排列第6位。重庆AA+级主体城投债成交规模占比达到43.3%,但与2019年同期相比,增长-3.2%,为负增长的10个省份之一。

AA级主体城投债的成交规模排列前5位的省份分别为:江苏(2 608.1亿元)、浙江(996.0亿元)、湖北(960.2亿元)、江西(813.6亿元)、湖南(751.0亿元)。重庆以649.0亿元位居第7。与2019年同期相比,重庆AA级主体城投债成交规模同比增长0.6%,为保持正增长的10个省份之一,如表8所示。

表8 2021年上半年全国31省份各评级城投债成交规模

省份	成交规模/亿元 AAA级	AA+级	AA级	成交占比情况/% AAA级	较2019年占比变动	AA+级	较2019年占比变动	AA级	较2019年占比变动
江苏	3 602.0	5 386.0	2 608.1	31.1	0.9	46.4	2.9	22.5	-3.8
北京	1 946.2	379.8	53.1	81.8	-7.0	16.0	7.6	2.2	-0.6
广东	1 932.1	258.2	110.9	84.0	-4.1	11.2	6.4	4.8	-2.3
湖北	1 240.2	575.1	960.2	44.7	-3.6	20.7	-0.2	34.6	3.8
天津	1 200.3	189.6	44.3	83.7	2.2	13.2	5.0	3.1	-7.2
山东	1 136.3	1 040.8	296.2	45.9	9.5	42.1	8.3	12.0	-17.8
浙江	1 011.5	2 344.5	996.0	23.2	-7.1	53.9	0.8	22.9	6.3
四川	1 009.5	681.1	660.9	42.9	-6.5	29.0	10.9	28.1	-4.4
江西	994.5	805.2	813.6	38.1	-24.5	30.8	10.9	31.1	13.6
陕西	883.6	169.5	214.1	69.7	-1.5	13.4	0.2	16.9	1.3
湖南	718.1	1307.0	751.0	25.9	-2.1	47.1	9.1	27.1	-7.0
福建	563.0	730.4	370.4	33.8	9.9	43.9	-13.3	22.3	3.5
上海	522.2	211.7	22.3	69.1	-18.9	28.0	19.3	3.0	-0.3
重庆	447.2	837.4	649.0	23.1	2.6	43.3	-3.2	33.6	0.6
山西	301.7	328.7	54.5	44.0	0.4	48.0	-2.4	8.0	2.0
云南	293.1	207.8	40.9	54.1	-17.8	38.4	21.3	7.5	-3.5
河南	249.2	520.0	218.3	25.2	-17.2	52.7	15.7	22.1	1.4
广西	243.7	338.6	195.2	31.3	1.4	43.5	-1.0	25.1	-0.4
安徽	242.4	1404.4	606.7	10.8	-1.3	62.3	13.5	26.9	-12.2
吉林	212.2	51.6	10.5	77.4	10.6	18.8	0.9	3.8	-11.5
贵州	175.9	36.6	134.3	50.7	26.6	10.6	2.1	38.7	-28.6
新疆	155.1	283.1	109.6	28.3	0.0	51.7	4.3	20.0	-4.2
河北	88.5	116.6	255.9	19.2	-1.3	25.3	-8.2	55.5	9.6

续表

省份	成交规模/亿元 AAA级	AA+级	AA级	成交占比情况/% AAA级	较2019年占比变动	AA+级	较2019年占比变动	AA级	较2019年占比变动
甘肃	66.4	190.2	25.9	23.5	-3.2	67.3	3.5	9.2	-0.4
辽宁	29.8	6.0	31.4	44.3	33.9	8.9	-2.2	46.7	-31.7
宁夏	28.9	27.1	0.0	51.6	5.5	48.4	-5.5	0.0	0.0
海南	18.8	8.8	1.9	63.6	63.6	29.9	-35.9	6.4	-27.7
西藏	0	94.4	0.0	0	0	100.0	0	0	0
内蒙古	0	55.0	13.8	0	0	80.0	-7.4	20.0	7.4
青海	0	42.7	0.0	0	0	100.0	14.9	0	-14.9
黑龙江	0	30.3	6.5	0	0	82.2	19.7	17.8	-19.7

注:按2021年上半年AAA级城投平台债券成交规模排序。数据来源:Wind

（2）市场估值较好地反映了城投债的风险差别,同一评价的城投主体的信用利差呈现明显的地区差别。弱资质区域的城投主体信用利差明显高于强资质区域。重庆AAA、AA+主体的城投债利差逐步收窄,在全国处于较低水平,风险溢价水平较低。AA主体的利差仍在扩大,处于偏高水平,风险溢价水平较高。

①城投债利差整体呈现下行趋势。2021年初以来,国家和地方加强政府债务风险管控,一定程度上抑制城投债的二级市场交易规模,利差呈现收窄趋势。截至2021年6月30日,1年期城投债AAA级、AA+级和AA级债券利差分别比年初下降-14.66BP[①]、-15.73BP和-34.73BP,达到2018年以来的30.6%、32.2%和32.3%的分位数水平。整体来看,虽然2021年6月末城

---
① BP指基点(Basis Point),为利率改变量的度量单位。1个基点等于0.01%。

投债利差整体有所上行,但仍处于历史较低水平。

②地区经济实力强的城投债利差明显收窄,地区经济实力偏弱的城投债利差仍维持较高水平。重庆城投债利差逐步收窄,部分城投债利差步入历史低位。截至2021年6月,经济、财政实力较强的省份中,江苏、上海、福建、广东、浙江、安徽和北京等地城投债利差均处于历年较低水平。除北京AAA级城投债利差仍位于较高水平外,其余经济、财政实力较强的省份AAA级和AA+级城投债利差,相对处于历史较低水平,如表9所示。

部分弱资质地区城投债利差仍处于高位。截至2021年6月,天津、辽宁、云南和吉林等省份,各等级城投债利差均位于全国较高水平,均位于90%分位数以上,如表9所示。

重庆中、高级评级主体利差明显收窄,处于全国低水平,偏低评级主体利差有所扩大,处于全国偏高水平。重庆AAA主体的城投债利差为38.83BP,排列全国第22位,较年初收窄19.06%,位于2018年以来的5%分位数以下,处于历史低位。AA+主体的城投债利差为114.85BP,排列全国第19位,较年初收窄30.63%,位于2018年以来的35%分位数以下,仍处于历史低位。AA主体城投债利差为315.3BP,排列全国第11位,较年初扩大11.54%,位于2018年以来的95.2%分位数,利差处于全国较高水平,如表9所示。

表9 31个省份城投债利差变动情况

省份 (AAA级)	6月末利差/BP	较年初变动/%	分位数水平/%	省份 (AA+级)	6月末利差/BP	较年初变动/%	分位数水平/%	省份 (AA级)	6月末利差/BP	较年初变动/%	分位数水平/%
云南	563.79	249.07	96.8	天津	347.24	13.7	95.8	天津	498.46	63.17	97.8
天津	301.08	59.06	99.8	辽宁	328.47	64.89	93.5	辽宁	456.16	67.58	95.8
吉林	227.13	19.7	92.5	云南	317.77	40.44	96.8	云南	453.48	32.12	97.9
辽宁	211.59	22.98	95.2	广西	313.06	43.16	98.5	内蒙古	450.4	179.01	99.1
甘肃	129.86	-2.91	84.6	贵州	300.85	52.17	96.8	宁夏	414.1	-	87.5
山西	127.96	-26.48	36.4	吉林	281.48	-5.45	94.4	贵州	398.63	30.2	95.4
陕西	123.6	-21.42	25.1	青海	269.17	40.94	98.5	黑龙江	394.55	34.89	95
河南	117.78	34.9	98.9	黑龙江	232.45	15.54	95.6	广西	362.25	24.5	96.4
北京	95.72	-4.79	77.4	宁夏	201.21	43.85	99.8	四川	358.26	27.24	96.4
贵州	83.94	-51.14	25.2	陕西	173.01	-41.04	60.7	新疆	337.82	37.65	99.1
广西	83.05	-9.88	27.1	河北	159.82	-27.93	7.1	重庆	315.3	11.54	95.2
宁夏	77.12	-33.49	36.3	山西	158.72	-16.17	51.9	湖南	312.23	-6.13	88.1
湖北	70.41	-31.32	4.3	山东	144.8	-10.64	71.1	江西	289.92	1	81.2
新疆	63.82	-49.75	0.2	甘肃	141.51	25.51	93.2	山东	287.96	5.01	92
广东	52.97	-19.16	1.8	内蒙古	133.76	-50.7	10.3	河南	286.79	12.97	84
四川	51.79	-37.18	0.2	新疆	133.23	-30.39	43.8	陕西	278.97	0.55	83.2
江西	49.75	-28.1	0.2	河南	118.34	-16.31	53.8	甘肃	261.49	3.73	70.1
山东	47.04	-38.28	0.3	湖南	115.53	-44.52	6	山西	255.18	2.14	97.1
江苏	45.56	-37.34	0.3	重庆	114.85	-30.63	32.8	吉林	227.13	19.7	92.5
河北	45.31	-26.68	2.6	江苏	113.14	-40.54	8.8	江苏	203.65	-24.97	47.7

续表

省份	AAA级 6月末利差/BP	较年初变动/%	分位数水平/%	省份	AA+级 6月末利差/BP	较年初变动/%	分位数水平/%	省份	AA级 6月末利差/BP	较年初变动/%	分位数水平/%
福建	40.43	−19.88	1.4	四川	97.07	−37.37	9.9	湖北	197.22	−25.1	57
重庆	38.83	−19.06	0.3	广东	87.98	−34.49	19.5	河北	195.36	−15.04	34.4
安徽	35.76	−11.71	4.3	江西	79.62	−39.53	8.4	安徽	183.86	−27.12	40.4
浙江	32.07	−29.98	0.3	福建	76.89	−48.92	5.3	浙江	168.05	−28.06	36.1
湖南	32.05	−41.4	0.3	安徽	75.99	−54.2	3.8	海南	160.61	−60.18	25
海南	29.37	−40.86	17.6	湖北	71.31	−43.46	0.6	福建	145.95	−38.5	37.6
上海	10.56	−28.64	0.8	浙江	64.63	−39.43	1.9	广东	71.55	−29.94	3.7
青海	−	−	−	北京	40.59	−47.78	0.3	上海	59.89	−43.26	7.7
黑龙江	−	−	−	西藏	39.15	−51.85	0.4	北京	55.41	−63.73	11.1
内蒙古	−	−	−	上海	23.12	−31.5	0.6	青海	−	−	−
西藏	−	−	−	海南	−	−	−	西藏	−	−	−

注：按各等级城投债利差排序，分位数水平区间为2018年1月—2021年6月。

数据来源：Wind

二、全市城投债现状与风险分析

2002年12月，重庆市城市建设投资(集团)有限公司发行了10年期02渝城投债，成为全市到银行间市场最早发行的城投债券。经过20年的发展，全市城投债发生了很大变化。

(一)全市城投债基本情况

通过对全市城投债现状的深入分析,了解市与区县城投债的情况,有助于评判全市城投债的结构特征,揭示其隐藏的风险。

1.全市城投债结构

"十三五"以来,随着全市重大基础设施投资规模的不断扩大,重庆城投债规模保持着稳健增长的态势。截至2021年6月30日,全市存量城投债券数达到693只,存量余额达到5 527.6亿元,分别超过2019年、2020年全年的债券数和余额数,如图5所示。

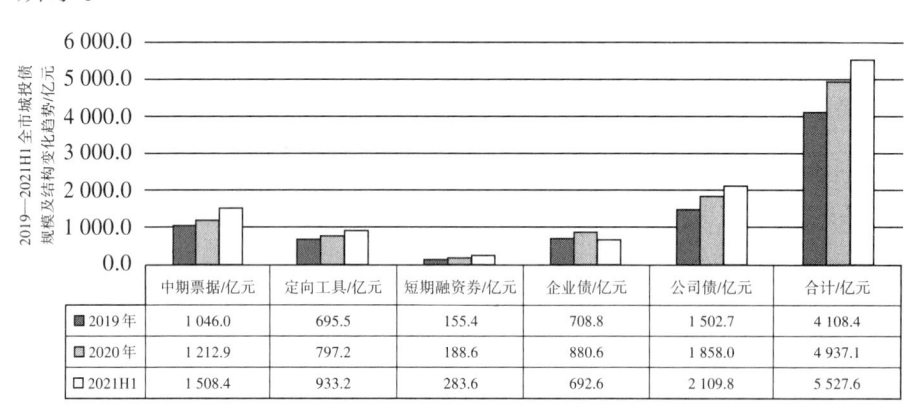

	中期票据/亿元	定向工具/亿元	短期融资券/亿元	企业债/亿元	公司债/亿元	合计/亿元
2019年	1 046.0	695.5	155.4	708.8	1 502.7	4 108.4
2020年	1 212.9	797.2	188.6	880.6	1 858.0	4 937.1
2021H1	1 508.4	933.2	283.6	692.6	2 109.8	5 527.6

图5 重庆城投债规模与结构变化趋势(2019—2021年上半年)

数据来源:Wind

截至2021年6月30日,从全市城投债结构看,按规模从大到小依次为公司债2 109.8亿元、占比38.2%,中期票据1 508.4亿元、占比27.3%,定向工具933.2亿元、占比16.9%,企业债692.6亿元、占比12.5%,短期融资券283.6亿元、占比5.1%,如图6所示。

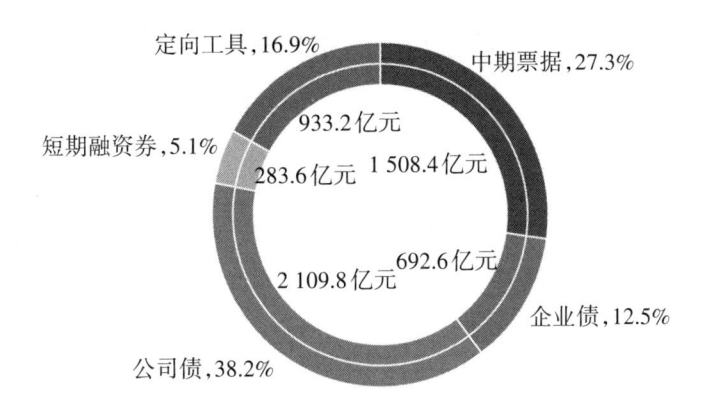

图6 全市城投债结构(截至2021年6月30日)

数据来源:Wind

从城投债品种变化看,2019—2021年上半年,除企业债占比下降4.8个百分点、达到12.5%,定向工具16.9%保持不变外,其余品种均呈上升趋势。其中,中期票据、短期融资券、公司债分别增加1.8、1.3、1.6个百分点,如图7所示。

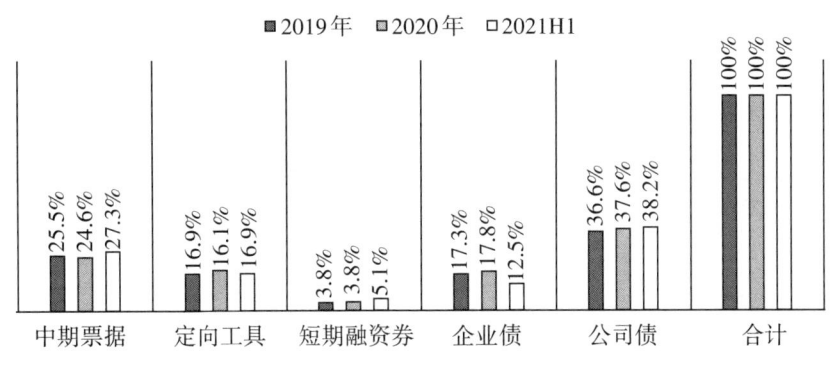

图7 全市城投债品种变化趋势(2019—2021年6月30日)

数据来源:Wind

全市城投债结构反映了我市严格执行《国务院关于加强地方政府性债务管理的意见》(国发〔2014〕43号)产生的积极作用:一方面在完成对地方政府新旧债务甄别的基础上,更加严格约束了地方隐性债务的发生,通过发改委审批的企业债规模与增幅明显放缓;另一方面,"开前门、堵后门"的政策已经奏效,城投债的市场化程度正在提升,城投企业依靠项目自身的商业可持续性和发债企业自身的财务状况面向市场投资者融资,优胜劣汰,逐步回归债券融资的本源。

2.市级及区县城投债比较分析

截至2021年6月30日,全市城投发债主体127家,存量城投债693只,余额5 527.6亿元。鉴于全市城投债主体属地财政实力的明显差异,本课题对市级(含两江新区)和区县级城投主体进行归类,分析两级城投债的差异。

(1)存量城投债规模市与区县有着明显不同

通过分析得到如下结论:

①区县级城投债数量与城投债规模分别为市级的5倍与3.5倍以上。截至2021年6月30日,全市市级城投(含两江新区)存量城投债数114只、全市占比16.5%,存量余额1 224.4亿元、全市占比22.2%。区县存量城投债579只、全市占比83.5%,存量债券余额4 303.2亿元、全市占比77.8%。

②区县级城投债数量与规模存在明显的板块差距,从大到小依次为都市圈、主城区、渝东北三峡库区城镇群、渝东南武陵山区城镇群。截至2021年6月30日,都市圈存量城投债数量332只,全市占比47.9%,城投债规模2 558.7亿元,全市占比46.3%,在区县板块位居第一,也超过市级(含两江新区)城投债的两项指标。主城区存量城投债数量139只,全市占比20.1%;城投债规模1 077.7亿元,全市占比19.5%,在区县板块位居第

二。渝东北三峡库区城镇群存量城投债数量77只，全市占比11.1%；城投债规模494.3亿元，全市占比8.9%，在区县板块位居第三。渝东南武陵山区城镇群存量城投债数量31只，全市占比4.5%；城投债规模172.3亿元，全市占比3.1%，在区县板块位居第四。[①]

③区县级城投债按属地排序，存量债券规模列前10位的区县依次为：涪陵（402.0亿元）、沙坪坝（377.4亿元）、江津（347.2亿元）、合川（317.7亿元）、巴南（290.8亿元）、长寿（269.7亿元）、永川（209.2亿元）、万州（208.2亿元）、大足（183.0亿元）、綦江（150.9亿元）。

（2）市级与区县级新发城投债保持均衡

全市新发城投债在2019年、2020年、2021年上半年分别达到1 210.8亿元、1 723.8亿元、1 154.9亿元。其间，市级与区县级城投债的规模占比未发生较大改变，如图8所示。

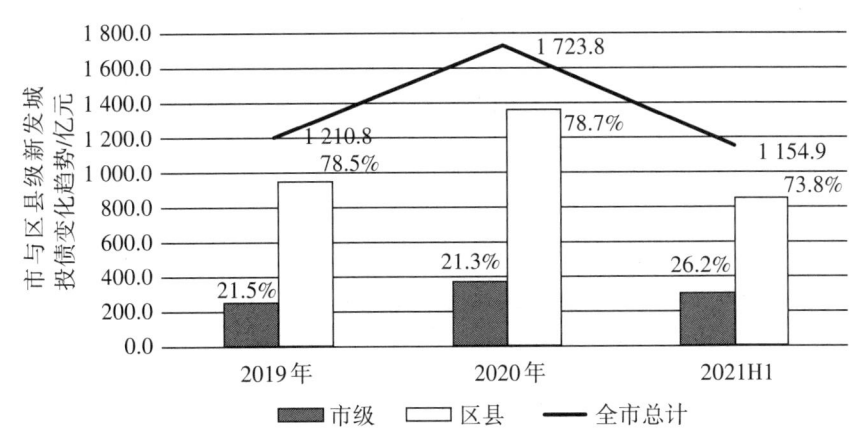

图8 市级与区县级新发城投债变化趋势（2019—2021H1）

数据来源：Wind

---

① 区县城投债规模合计数与前述略有差异是四舍五入导致的。

（3）城投债结构差距明显

截至2021年6月30日,市级城投债存量余额1 245.3亿元,占比22.5%;区县级城投债4 282.3亿元,占比77.5%,如图9所示。

①市级城投债品种分散分布,结构总体均衡。各品种规模与占比由大到小的排序为中期票据(624.6亿元、占比11.3%)、公司债(253.9亿元、占比4.6%)、企业债(180.8亿元、占比3.3%)、定向工具(130.0亿元、占比2.4%)、短期融资券(56.0亿元、占比1.0%)。

②区县级城投债品种集中度仍然突出,但政府存在隐性担保的可能空间进一步收缩,市场化程度有所提高。各品种规模与占比由高到低的排序为公司债(1 855.9亿元、33.6%)、中期票据(883.8亿元、16.0%)、定向工具(803.2亿元、14.5%)、企业债(511.8亿元、9.3%)、短期融资券(227.6亿元、4.1%)。

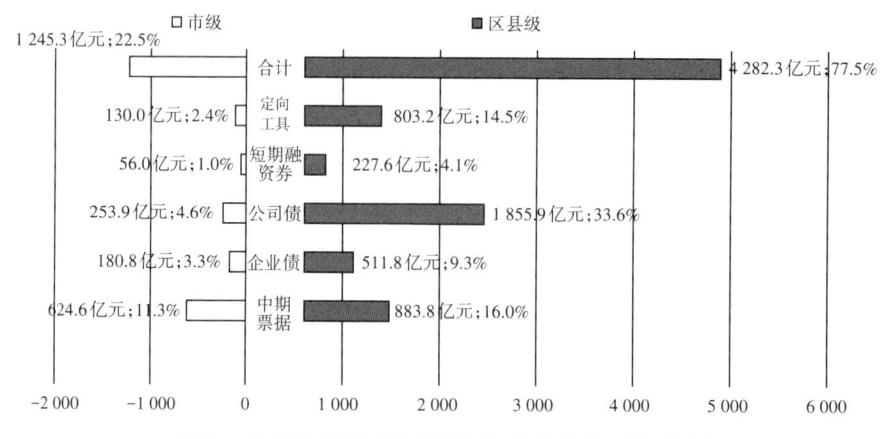

图9 市级与区县级城投债的品种结构对比分析

数据来源:Wind

(二)全市城投债风险分析

在全国31个省份横向对比的基础上,甄别重庆市级与区县两级城投债的风险。

1. 重庆与全国地方政府债务水平的比较

《国务院关于加强地方政府性债务管理的意见》(国发〔2014〕43号)执行以来,各地城投债的债权债务关系逐步规范,城投债中部分可能延伸到地方政府的责任仅为三类债务,即承担一定救助责任的债务。但实际上,在城投债的发行环节,地方政府债务水平仍然是审核的重要内容之一,由此仍需要及时把握全市尤其是区县的债务情况,为城投债的发行提供科学依据。

(1)地方政府债务风险等级估测模型与方法。

课题组按照政府债务计算的主要指标,即法定债务率=(一般债务余额+专项债务余额)/(一般公共预算财力+政府性基金预算财力),引用公开数据并参照国内中债研究同行的模型与方法,提出2020年31个省份债务水平分析与估算结果,以供参考对比分析。

(2)分析比较全国31个省份的政府债务风险,重庆处于中低风险水平。重庆相对较低的政府债务水平,为全市城投债的审批与一级市场发行打下了重要的基础,为城投债在二级市场的合理估值与流转创造了良好的基本面。重庆城投债保持稳健增长,尤其发债主体处于中高等级的城投企业,其城投债审批与发行得到的认同,与重庆城投债背后较低的政府债务水平有密切的关系。

2.市与区县城投债风险甄别

通过对市与区县城投主体信用级别的分析,进一步研究城投债结构、期限分布与违约状况,有助于识别两级城投债的风险特征。

(1)市与区县城投债主体风险甄别

城投债主体的信用状况是抵御城投债风险的关键,分析主体的信用状况有助于准确识别城投债风险。

本课题采用主体信用评级结果作为判断城投债主体风险的依据。信用评级是独立的第三方信用评级机构对影响评级对象的诸多信用风险因素进行分析研究,对评级对象偿还债务的能力及其偿债意愿进行综合评价最终形成的独立结论。按照中债资信主体评级的范畴,主体评级需要对其经营风险与财务风险进行综合评判,确定相应的主体评级结论。中债资信主体信用等级划分为三等九级,符号表示分别为AAA、AA、A、BBB、BB、B、CCC、CC、C。其中,AAA为最优级,主体违约风险极小,C为最差级,主体违约风险最高。每个级别均可用"+"或"-"符号进行微调,表示在本等级内略高或略低于中等水平。

高评级集中在市级城投主体,中低评级集中于区县级城投主体,市级主体抵御风险的能力强于区县主体。

截至2021年6月30日,全市127家城投债发债主体中,AAA级主体14家,全市占比11.0%;AA+主体29家,全市占比22.8%;AA-主体6家,全市占比4.7%;AA主体70家,全市占比55.1%;暂未评级或暂未完全满足评级标准的无评级主体8家,全市占比6.3%。如表10所示。

（2）市与区县城投债风险的分析判断

根据债项评级、城投债期限结构和行权期等要素的分析，甄别全市城投债总体风险以及不同主体城投债的风险。

①按债项评级区分，全市呈现高评级的债券规模稳定增长、低评级增长明显放缓，同时无评级债券的规模和占比明显增长的趋势。

表10　全市城投债主体信用评级（截至2021年6月30日）

地域	AAA 发债主体/家	占比/%	AA+ 发债主体/家	占比/%	AA- 发债主体/家	占比/%	AA 发债主体/家	占比/%	无评级 发债主体/家	占比/%	合计 发债主体/家	占比/%
全市总计	14	11.0	29	22.8	6	4.7	70	55.1	8	6.3	127	100
市级（含两江新区）	14	11.0	13	10.2	0	0	2	1.6	1	0.8	30	23.6
区县级	0	0	16	12.6	6	4.7	68	53.5	7	5.5	97	76.3

数据来源：中债登

随着国家不断加强地方政府债务风险管理与金融风险管控系列政策措施的实施，城投债发行的标准逐步提高，城投债"门槛效应"更为明显，高债项评级债券的规模逐步扩大，中低评级债券不断减少，存在风险隐患的债券逐步出清。同时，监管部门贯彻中央"放管服"的要求，加强债市的体制机制建设，推进机构投资者对债券的市场化选择，债项评级不再设定为甄别风险的唯一标准，市场上无评级债券规模得到明显增长。

②全市城投债总体向中高评级聚集。市级与区县级不同债

项评级债券呈现分化,高评级向市级集中,中低评级、短融券评级、无评级债券向区县集中。

③全市城投债明显集中于5(不含)—7年的中偏长期,市级城投债期限总体接近全市的期限分布,区县级城投债的期限分布更广,但规模差异较大,区县城投债期限错配风险明显高于市级城投债。

④市级与区县级城投债"十四五"期间还款高峰于2023年开始,2024—2025年达到峰值。市级城投债兑付高峰在2025年,区县级城投债兑付高峰明显提前,2022—2023年为连续最高峰、2024—2025年为连续次高峰。

三、我市城投债风险调研与大数据风险筛查

为进一步了解全市城投债风险的真实状况,本课题按照城投债主体类别,分别选择28家城投企业开展调研,共涉及市级城投企业7家、区县级城投债企业21家。在调研的基础上,应用大数据技术对调研的城投企业风险进行筛查,从而判断风险水平。

(一)我市城投企业偿债情况

按照城投企业所属关系,本课题以市级与区县城投企业进

行分类,考察两级不同主体偿债情况。

1. 相关政策实施对城投债风险管理的影响

由于城投企业主营业务具有公益性质或准公益性质,营业收入和净利润普遍处于较低水平,城投企业普遍存在存量债务规模高、偿还化解压力大,自身造血功能不足、还款来源单一的问题。相关债务偿还主要依靠财政土地成本返还和融资借新还旧,而这两大资金来源正遭受巨大约束。

(1)管控政策收紧

《国务院关于进一步深化预算管理制度改革的意见》(国发〔2021〕5号)指出:"严禁地方政府以企业债务形式增加隐性债务。严禁地方政府通过金融机构违规融资或变相举债。""清理规范地方融资平台公司,剥离其政府融资职能,对失去清偿能力的要依法实施破产重整或清算。"国务院国资委《关于加强地方国有企业债务风险管控工作的指导意见》(国资发财评规〔2021〕18号)对地方国有企业的债务风险管控提出具体要求。2021年4月上证所和深交所公布的债券发行指引,要求城投平台发行公司债券应符合地方政府性债务管理的相关规定,不得新增地方政府债务。募集资金用于偿还公司债券以外存量债务的,发行人应披露拟偿还的存量债务明细,并承诺所偿还的存量债务不涉及地方政府隐性债务。对于总资产规模小于100亿元或主体信用评级低于AA(含)的城投主体,需要限制其发债规模,并将新发债券用于偿还存量债券。2021年开始,城投债发行参照财政部对地方政府债务风险的"红橙黄绿"等级划分,对债务风险大的地方城投发债加以约束。我市城投企业,尤其是区县弱资质城投企业的城投债审批门槛提高,压力有所加大。

(2)融资环境变化削弱融资能力

受债务违约事件影响,金融机构对重庆地区债券投资持观望态度,其中大型国有银行明确禁投城投公司债券类融资产品,其他中小银行和券商等要求提升债券发行利率,造成现阶段债券发行成本增高、募集资金困难、发行难度加大。

2.市级城投企业的偿债情况

归纳7家市级城投企业的调研结果,得到如下结论。

(1)高评级主体集中,信用高,城投债的市场信誉好。7家调研企业中AAA级主体5家、AA+级主体2家。

(2)发债规模适中,个别企业明显偏小,财务上应对偿债压力的能力较强,财务上资金安排有足够的余力。

(3)发债资金用途明确,资金匹配真实用途。发债主体主要资金的用途为兑付到期债务本息与归还金融机构贷款,部分企业用于投入新建项目。

(4)重点国企应对偶发的债务违约事件处置及时,市场信心的主动修复能力强。

3.区县级城投债的偿债情况

通过对6区共计21家城投企业的偿债情况进行的调研,得到如下结论。

(1)区县级城投企业的主体信用评级总体偏低,且分化明显。数量较多的AA级主体仅满足城投债审核发行的入门要求。

(2)城投资金投向大多为原有存量债务的募新还旧,新建项目发放城投债的用途明显偏窄。但监管政策开始出现松紧适度的迹象,2021年上半年中,监管部门在加强债市融资风险管控的同时提出进一步甄别和支持地方建设实际的需求,同时防范资金链断裂引发的金融风波。

(3)个别弱资质的区县级城投主体偿债问题逐步显现。

(二)城投企业风险的大数据筛查

鉴于债券市场交易的多变与不断积累的海量数据对传统分析方法的挑战,同时为解决以往分析存在的数据可获得性不强、数据质量有瑕疵以及时效性不强的弊端,本课题采用大数据技术对32家城投企业进行风险的大数据筛查,应用大数据模型测算城投主体的违约概率(PD)作为风险评分依据,以此划分风险等级。

1.风险等级对应的PD值区间与色区

根据信用风险大数据筛查模型假设条件,不同违约概率值(PD)对应相应的风险水平,并以不同色区进行区分:

(1)极低风险: $0 < PD \leq 0.15\%$ 蓝区

(2)低风险: $0.15\% < PD \leq 0.35\%$ 绿区

(3)中低风险: $0.35\% < PD \leq 0.65\%$ 浅黄

(4)中度风险: $0.65\% < PD \leq 1.5\%$ 黄色

(5)中高风险: $1.6\% < PD \leq 5\%$ 橙色

(6)高风险: $5\% < PD$ 红色

2.大数据筛查结果与风险等级

应用信用风险大数据平台,将32家调研的城投企业与境内发债企业进行数据比对。一是从2018—2020年的时间维度,将全市32家发债企业年报数据同境内3 960家、4 166家、4 349家发债企业逐一比对,判断调研企业逐年的财务质量在全国所有城投企业的排序。二是对调研企业2020年的财务数据、城投债数据、属地政府债务以及对城投企业相关支持的数据逐一进行大数据比对,做出综合评级、展望,最终计算出违约概率作为风险评分的依据。

通过信用风险大数据平台筛查后,得出以下结果:

6家极低风险城投企业中,市级城投企业5家,区县级城投企业1家;

5家低风险城投企业中,市级2家,区县级3家;

10家中低风险城投企业中,市级1家,区县级9家;

7家中度风险城投企业中,市级2家,区县级5家;

3家中高风险城投企业中,均为3家区县级企业;

1家高风险城投企业,区县级企业。

(三)我市城投债风险状况的总体判断与面临的问题

在调研基础上,课题组经过分析,对全市城投债的风险管理水平得出以下判断。

1. 管理较为规范

我市城投债管理规范,现有债券余额规模下的总体风险可控,在全国风险水平偏低。

一是我市认真贯彻执行中央防范和化解系统性金融风险的指示精神,不断提升政治站位,高度重视债务风险,形成自上而下的政府债务风险的责任制,从源头上把控债务风险的新增。

二是在国家采用"红橙黄绿"等级对地方政府债务风险进行区分的政策背景下,我市的政府债务风险处于全国相对较低水平,为城投债的发行与风险管控创造了重要的条件。

三是我市按照《国务院关于加强地方政府性债务管理的意见》(国发〔2014〕43号)等系列文件建立了较为完善的城投债管控体系。在新旧债务甄别后建立了政府与城投公司严格的边界,严格规范了政府债务与城投企业债务的操作行为,降低了交叉风险。

2.城投企业信用状况良好

截至2021年6月30日,全市现有127家城投企业中,市级重点城投企业均为AAA级与AA+级主体,区县重点城投企业为AA+与AA级主体,及时退出存在隐患的个别弱资质主体,为城投债发行、运营、管理打好了基础,有效控制了风险源的出现。

3.在债市中的表现良好

我市城投债在全国债市具有较大影响力,是固定收益类中重要的低风险投资品种。

一是我市城投债的主要投向与国家战略、重庆的重点项目和领域关联度高,项目具有较为明确的发展预期。2021年上半年发行规模与净融资规模在全国处于正增长省份序列,并保持较高的增长水平。二是我市城投债的品种结构、期限结构、成本区间在全国总体水平上处于中上水平的合理区间,整体质量在西部地区处于最好水平。三是我市城投债高信用评级占比相对较高,在全国债券市场具有市场影响力,成本处于合理区间。

4.存在"面—线—点"的风险隐患

(1)存在政策执行偏差与调控效果不均衡可能出现的面上风险。

一方面存在政策导向与现实状况的明显差异。政策层面要求城投企业加快转型,建立项目收益或退出形成的"募投管退"商业可持续循环,但现实中的城投企业却无选择地承担着政府准公共品甚至公共品的服务,难以从资金真实用途上实现财务收支的平衡。2019—2021年上半年间,全国城投债的项目收益票据发行我市一直为零,其缘由是发债项目难以满足该种债券发行的收益要求,这足以说明我市存量城投债的这一问题。

随着《银行保险机构进一步做好地方政府隐性债务风险防范化解工作的指导意见》(银保监发〔2021〕15号)的出台,金融机构将进一步提高城投公司融资的门槛,对城投公司承担的准公共品项目带来更大的融资难度。在这样的政策执行下,我市城投企业在"十四五"期间的2024—2025年间,将面临还款双高峰带来的压力。部分财务实力偏弱,尤其是部分弱资质区县城投企业隐含着面上的风险。

另一方面,政策调控效果出现新的变化。受个别债券违约事件冲击,全国部分区域公募债市场认可度下降,公募发债明显受到影响,由此转向审批相对宽松和融资成本更高的私募类城投债融资。私募类城投债加速扩容尽管一定程度上暂时缓解了部分企业资金链紧张的问题,但随着国家严监管政策的深化,这部分城投债隐含的风险将逐步显化。

（2）存在市—区县城投债的线上风险。

我市城投债规模以区县级城投债为重,存量超过全市2/3。从项目看,市级城投债项目与财政出资(主要为项目资本金等)有着高度关联,金融机构融资的便利性与成本、财政对项目还款的保障性支持均优于区县。由此区县城投企业城投债融资的迫切性明显强于市级城投企业,市级城投企业更愿意接受金融机构的低息长期贷款。债市上,评级相同的区县级城投企业成本普遍高于市级城投企业,如我市AA级主体的融资成本在2021年上半年达到全国较高的水平就可说明这一问题。

（3）存在区县城投企业的点上风险。

我市的城投债主要用途集中于募新还旧,新增项目融资用途少。部分区县弱资质企业募新还旧的可持续能力将可能成为城投债风险的触发点。

（四）相关结论

通过以上分析,我们得出以下结论:

（1）防范和化解城投企业债务风险是中央关于常态化金融风险防范化解工作的重要内容,对助推全市经济高质量发展具有重要意义。

防范和化解城投债风险,一是有助于贯彻落实中共中央总书记、国家主席、中央军委主席、中央财经委员会主任习近平在2021年8月中央财经委第十次会议上提出的重要指示,践行"三个压实"的主体责任,提高常态化金融风险防范能力。二是有助于深化政府投融资体制改革,增强城投企业自身抗风险能力,真正发挥城投债拓宽盈利性弱或非营利性的基础设施建设项目的融资渠道,缓解我市地方财政支出压力,弥补银行贷款不能覆盖的融资缺口的作用。三是促进我市与国内债券市场的接轨,增强我市政府项目的直接融资能力,通过市场化渠道缩小地方政府债务规模,发挥促进我市经济高质量发展的基础性与先导性作用。

（2）全市城投债管理体制与机制运作规范,城投债规模与全市基础设施建设规模总体适应。全市城投企业财务状况正常,城投债风险总体可控。

具体表现在:

①政策执行有力。我市按照《国务院关于加强地方政府性债务管理的意见》(国发〔2014〕43号)的规定,明确划清政府与城投企业界限,剥离融资平台公司政府融资职能,新募集的城投债法律关系清晰,相关债权债务责任明确,按照国发43号文构建的全市城投债管理体制与机制运作规范。

②城投债规模总量适度。截至2021年6月末,全市的市级与区县两级城投公司127家、发行城投债券693只、余额达到5 527.6亿元,位列全国31个省份第6位。城投债新发行规模1 093.7亿元、净融资规模391.2亿元,适应了全市基础设施建设投资规模扩大的需求。

③城投债结构总体合理。品种结构中,除项目收益票据、短期融资券、企业债占比略低于全国同项指标外,公司债、定向工具、中期票据占比均略高于全国平均水平。

④城投企业信用状况总体趋好。2021年上半年,重庆城投

债发行规模保持正增长,净融资规模排全国第9位。城投债主体评级结构相对稳定,中低评级主体发行规模占比略有上升,全市AA以下弱资质主体的城投债已清零。同信用评级主体城投债融资成本略高于京、沪等强资质区域的同级主体,但明显低于贵州、青海、天津和云南等弱资质区域同信用评级主体的发债成本。

(3)我市区县城投债企业数量、债券数量与规模均高于市级,高信用评级主体集中在市级城投企业。全市城投债"点、线、面"层次的潜在风险存在相互传导与叠加的可能,局部高风险隐患存在触发的可能。

(4)我市即将到来的还债高峰仍具备可利用的"窗口期",市级与区县级城投债的期限结构存在明显差异,区县级城投债的期限错配风险高于市级。

四、对策措施

按照国务院"稳定大局、统筹协调、分类施策、精准拆弹"的基本方针,全市要严格落实党中央、国务院关于地方政府债务管控的要求,坚守不发生债务违约风险的底线,坚决遏制隐性债务增量,严禁各种违法违规担保和变相举债;妥善化解隐性债务存量,坚定执行成本控制,全力做好增收节支;进一步完善地方建设项目和资金管理,强化财政约束,有效抑制不具还款能力的项目建设；持续保持高压监管态势，建立健全跨部门联合惩戒机制，严肃问责政府相关部门、国有企业的违法违规融资担保行为；全市城投债管控仍然要守住不发生系统性金融风险的底线。

（1）用发展的观点来把握缓释风险的主动权，稳存量、调结构、求增量，促进"十四五"时期全市城投债质与量的双增。

保持全市5 500亿元左右的存量规模总体稳定，创造条件募新还旧，避免债券规模急剧减少形成的违约风险。同时，有序调整城投债结构：一是合理增大市级城投企业发行城投债规模，有序收缩区县级城投企业的城投债规模，主动分散聚集在区县的城投债风险。二是鼓励信用评级优良的企业增大发行规模，主动分散聚集在信用评级较差的城投企业的城投债风险。三是鼓励高信用评级主体增大低成本资金的募资规模，采取贷款置换等措施不断缩小低信用评级主体高成本资金的募资规模，主动降低依靠高收益维持城投债规模的这部分城投债风险。四是鼓励发债主体创造条件增加公募类城投债的发行，不断缩小私募类城投债的发行规模，主动规避监管政策调整可能带来的风险；努力增加优质项目的城投债发行，不断压缩借新还旧项目的募资比重，主动应对外部经济环境对募资项目可能形成的风险。

（2）加强组织领导，构建常态化城投债风险防范体系，强化对城投债风险的全面管理，压实各级职能部门、城投企业的主体责任。

建立全市城投债风险防控机制。一是统筹协调职能部门出台政策，避免多个政策目标之间出现冲突；努力把握政策窗口期，争取存量债券续发的可持续衔接，避免违约风险骤增，恶化平台公司的财务状况，触发债券违约事件的出现。二是做好城投债用途结构有序调整，做好市级与区县级城投债规模的统筹等。三是根据具体情况通过市场化的债务置换或项目资产转让等途径，及时减少或出清债务，防范演变为较大的风险。

（3）进一步筑牢政策底线，提升政府债务的管控能力，防范监管政策调整带来的风险。

在加强政府性债务风险管控的背景下，我国城投监管政策趋严，随着"剥离融资平台公司政府融资职能，融资平台公司不得新增政府债务"，"明确发债企业和政府之间的权利责任关系，实现发债企业与政府信用严格隔离"，"严禁申报企业以各种名义要求或接受地方政府及其所属部门为其市场化融资行为提供担保或承担偿债责任"等措施与红线的出台，我市需要进一步规范区县政府与区县城投企业的行为边界，强化合规意识，同时不断探索以符合政策规范为前提的政企合作模式，防范政策调整带来的城投债风险。

（4）提前谋划、做好新债募发准备，"平滑"全市城投债偿债高峰期。

通过市级相关职能部门牵头，按照"稳存量、调结构、求增量"的思路对全市城投企业进行分类引导，提前规划发债项目，做好城投债续发的申报准备。尤其跟踪募新还旧项目占比高的城投企业，根据实际情况实施"一企一策"，针对性解决债券续发中的政策难点。

（5）常态化筛查、"精准拆弹"，加强对高风险平台债务化解力度。

高度关注我市区县级城投企业的风险问题,进一步加强对区县级城投企业风险状况的全面筛查,重点摸清城投债项目的运转状况,全面评估募新还旧项目未来的可持续性与还款来源。对筛查发现的无真实或无足值资产对应的发债项目,要尽快帮助区县城投公司通过市场化措施出清,避免形成债券违约的触发点。根据课题筛查的结果,进一步加强对部分区县个别企业风险状况的跟踪,帮助企业解决转型发展中的难题。

(6)切实深化城投企业改革,推进城投企业风险管控能力建设。

城投企业作为城投债风险管控的第一线,其自身建设是防范和化解城投债风险的关键点。要推动实施创新驱动、优化国资布局、持续做强做优做大国有资本,推进风险防控体系建设工程。一是完善风险防控机制。加强制度建设,严格落实国资国企有关监管制度和要求,建立完善公司内控制度,将风险管理嵌入业务流程,筑牢防止国有资产流失第一道防线。二是防范经营风险。强化债务总额、资产负债率的"双管控",确保所属高负债企业的资产负债总额持续合理和良性发展。规范投资决策行为,加强事前审核、事中检查、事后评价,严控超财务承受能力投资与举债行为。三是防范合规风险。建立覆盖各业务领域、各部门、各级子企业和分支机构、全体员工的合规管理体系。四是防范信息安全与舆情风险。

(7)统筹解决区县城投企业面临的困难。

积极探索加快区县城投企业市场化转型的路径,健全债务管理长效机制。一是加强统筹协调,优化工作流程,简化缴费程序,合理确定成本认定原则,加快土地成本返还,支持城投公司及时应对偿债高峰,防范城投债兑付违约风险。二是加强与金融机构沟通,增强投资者信心,在金融市场上及时发声,树立良好形象,逐步降低市某集团违约事件对我市融资环境的影响。三是分配下达地方更多政府债券额度,开好地方政府规范举债融资的"前门",保障合理融资需求,在减轻地方建设资金压力的同时,利用债券资金支持地方盘活存量资源资产,通过区域经济发展逐步化解存量城投债务。

附录　相关概念界定

对本课题研究所涉及的相关概念,均按照国家正式下发的文件予以界定,避免产生歧义。

1. 地方政府性债务、地方债

按照《国务院关于加强地方政府性债务管理的意见》(国发〔2014〕43号)和《地方政府性债务风险应急处置预案》(国办函〔2016〕88号),地方政府性债务是指地方政府负有偿还责任债务以及或有债务总称,既包括地方政府必须偿还、有偿还义务的地方政府债务(不同于地方政府性债务),还包括地方政府担保形成的或者有一定救助责任的或有债务。

(1)地方政府负有偿还责任的债务。通常称为地方政府债务或一类债务。从2015年1月1日开始,仅有省级地方政府发行的地方政府债券才能计入地方政府债务。地方政府债券也被称为"地方债""地方公债""市政债券",其收入列入地方政府预算,以当地政府的税收能力作为还本付息的保证,是地方政府财政收入的一种来源。

(2)地方政府负有担保责任的债务。也称二类债务,是以地方政府提供直接或间接担保,通过地方融资平台、事业单位等举借资金等形成的债务。按照财政部从2014年国发43号文开始的地方政府新旧债务甄别,划定追责"红线"。

(3)地方政府承担一定救助责任的债务。也称三类债务,指地方融资平台、事业单位为承担准公益性项目,以自身财务实力而非财政资金偿还举借资金形成的债务。尽管地方政府未提供担保,无承担偿债责任的直接法律关系,但可能承担出现债务危机时的救助责任。

2. 地方融资平台公司与城投债

按照国务院《关于加强地方政府融资平台公司管理有关问题的通知》(国发〔2010〕19号),地方(政府)融资平台公司是指由地方政府及其部门和机构等通过财政拨款或注入土地、股权等资产设立,承担政府投资项目融资功能,并拥有独立法人资格的经济实体。本课题所指的城投公司为发行城投债并在目前仍有存量债券的地方融资平台公司。

城投债是地方投融资平台作为发行主体,以自身信用为保证公开发行的债券,用于地方基础设施建设或公益性项目。目前依据我国债券市场的监管规定,城投债的范围包括国家发改委审批的企业债,证监会与债券交易所审批的公司债,交易商协会审批的中期票据、短期融资券及项目收益债券。我国城投债发行监管的主要政策规范见附表1。

附表1　我国城投债发行监管的主要政策规范

产品分类	主管部门	是否为平台类企业	主体评级	企业规模
企业债	国家发改委	发行人属地财政全口径债务率不得超过100%（债务率按审计署口径），偿债资金来源70%以上（含70%）必须来自企业自身收益	主体评级AA及以上且债项级别AA+及以上的债券，允许企业使用≤40%的募集资金补充营运资金和偿还贷款	净资产大于12亿元，不足12亿元的主要以集合债方式实现融资
公司债	证监会/债券交易所	不在中国银保监会政府融资平台名单内；发行人属地政府的收入占比不得超过50%	大公募、小公募：AAA；非公开：发行人确定是否评级	股份公司净资产不低于3 000万元，有限公司净资产不低于6 000万元
债务融资工具	交易商协会	（经营性、投资性、筹资性现金流、财政性现金流/净现金流）≥50%	平台类、非平台类企业均为AA（含）以上	资产规模50亿元以上，净资产规模25亿元以上

按照《国务院关于加强地方政府性债务管理的意见》（国发〔2014〕43号）的规定，明确划清政府与企业界限，政府债务只能通过政府及其部门举借，不得通过企事业单位等举借。剥离融资平台公司政府融资职能，融资平台公司不得新增政府债务。地方政府新发生或有债务，要严格限定在依法担保的范围内，并根据担保合同依法承担相关责任。由此地方政府性债务的范畴已十分明确，地方城投企业新发债券不再归入政府债务。2021

年出台的《银行保险机构进一步做好地方政府隐性债务风险防范化解工作的指导意见》(银保监发〔2021〕15号),要求金融机构对地方融资平台产生的第三类债务制定更为明确的甄别标准。监管新规的实施,让地方政府增加隐性债务的空间进一步缩小。